携手经典 砺身立德

——德州一中立德树人教育实践探索

张超　编著

图书在版编目(CIP)数据

携手经典 砺身立德 : 德州一中立德树人教育实践探索 / 张超编著. -- 天津 : 天津大学出版社, 2021.7
ISBN 978-7-5618-6987-1

Ⅰ. ①携… Ⅱ. ①张… Ⅲ. ①中学—德育工作—研究 Ⅳ. ①G631

中国版本图书馆CIP数据核字(2021)第131806号

出版发行 天津大学出版社
地　　址 天津市卫津路92号天津大学内（邮编：300072）
电　　话 发行部：022-27403647
网　　址 www.tjupress.com.cn
印　　刷 北京虎彩文化传播有限公司
经　　销 全国各地新华书店
开　　本 185mm×260mm
印　　张 13.5
字　　数 334千
版　　次 2021年7月第1版
印　　次 2021年7月第1次
定　　价 57.00元

前　言

党的十九大报告指出，要全面贯彻党的教育方针，落实立德树人根本任务，发展素质教育，推进教育公平，培养德智体美劳全面发展的社会主义建设者和接班人。立德树人是教育的根本任务。在新时代，学校德育应把握时代脉搏，紧贴时代精神，落实立德树人根本任务，引导广大学生坚定理想信念、厚植家国情怀、拓宽国际视野、培养奋斗精神。高中阶段是青少年世界观、人生观、价值观形成的关键时期，在这一阶段，帮助他们树立正确的思想道德观念，把他们培养成有教养、有品位、有担当、敢于负责任的人，对他们的成长至关重要，也关乎整个国家和社会的长远发展。作为山东省重点中学，我校学生人才荟萃，未来的他们必然会成为社会精英及各行各业的领军人物。把他们培养成“有礼”“有责”的高素质高中生，我们使命在肩、责任重大。因此，我校围绕立德树人这一母题，确立了以优秀传统文化教育为载体，以“礼仪·责任”教育为主题的富有一中特色的德育“1123”模式。

我校德育“1123”模式，即“一目标”“一载体”“两羽翼”“三支撑”。“一目标”即以培养勤奋好学、积极向上、文明大气的一中人为目标。“一载体”即以中华优秀传统文化为载体。“两羽翼”即以“礼仪”“责任”为羽翼。“三支撑”以学校、家庭、社会为支撑，汇聚学校、家庭、社会力量，使三方面教育互为补充，产生整体合力，构建和谐的生态德育场，提升学生的生命格局。

班主任作为班级管理的直接责任人，其成长至关重要，我校的德育实践针对班主任的成长进行，既有班主任大讲堂的集中交流，也有系列主题班会的引领，还有优质班会课的集中展示，可谓学习形式多样，学习效果良好。

学生作为班级管理的直接受益者，其接受与成长更为重要，政教处既有《论语》《弟子规》午间诵读材料，又有令人耳目一新、颇具特点的《明德》报纸及宣传板；既有撼人心灵的《弟子规》阅读报告会，又有记录学生自我教育的成长记录表、班级日志、德育成长记录，可谓全方位对接，无缝隙覆盖，学生受益良多。

政教处作为德育实践的专门科室，举办了一系列的活动来践行我校的德育模式。文明教室检查及校园之星的评选等活动，通过树立榜样、表彰先进引领学生产生积极向上的正能量；精品化社团、学生社会实践基地提高学生的实践能力，增强他们的集体荣誉感；十八岁成人礼，引导学生树立成人意识，自觉承担社会责任；汉字听写大赛暨中华优秀传统文化大赛，让同学们感受到了中华传统文化的魅力，唤醒了学生的文化自觉和自信；心语工作室，帮助学生缓解学习压力，规划健全人生……

经过几年的德育实践，德州一中的“礼仪责任”教育之花已然怒放，相信随着这项工作的不断拓展延伸，我校以优秀传统文化为载体、以礼仪责任教育为核心的德育工作将会更加繁花似锦。我们立志在立德树人的教育实践中，不忘初心，不断探索，砥砺前行！

作者简介

张超，男，中共党员，德州一中语文高级教师，德育主任、团委书记。1996 年本科毕业于山东师范大学中文系，2009 年脱产参加进修，于 2011 年 12 月获得山东师范大学教育管理硕士学位。参加教育工作 24 年来，历任备课组长、级部主任、德育主任兼团委书记。曾获得德州市优质课评选一等奖、德州市优秀团干部、德州市优秀德育工作者、山东省心理健康教育研究先进个人、德州市"五一劳动奖章"等，被评为第二批"德州好老师"（语文学科）。

我是一个行者，
步履轻盈，走在教育的路上。
我的脸上带着笑容，
我的心中充满阳光。
在我的行囊中为教育准备了一切，
理想、智慧、激情、诗意和力量……

目　录

第一章　学校确立“礼仪·责任”教育主题的必要性

一、“礼仪·责任”教育问题的提出

横览当今社会，科技日新月异，生活节奏在逐步加快，现代文明正在向我们走来。部分高中学生在尽情享受现代文明和科技进步带给他们的新思想、新理念、新知识、新视野和家庭、社会带给他们丰富物质生活的同时，其社会文明礼仪和个人修养却令人担忧。具体表现在：一味强调“自我”，片面认为越“自我”越好、越“自由”越好，有的学生甚至将无视校纪校规、行为放荡不羁、只顾自己不顾他人看成是所谓的“个性”。在学校，他们不懂得尊敬师长，没有表现出受教育者应有的“谦和、懂礼、勤勉”等优良品质，相互的不尊重、不礼让、冲动及莽撞行为随时可见；他们单纯追求分数，社会责任感、创新精神和实践能力较为薄弱。在家庭，他们不懂得尊重长辈和兄长，认为家庭的一切关心和爱护都是天经地义、理所当然的，稍有不顺则满腹牢骚。在社会，他们缺乏基本和起码的社会公德，缺乏自我约束和自我管理的能力，如随地吐痰、乱扔垃圾，教室空无一人却经常灯火通明，公共场所乱扔杂物、乱刻乱画甚至语言粗俗，公交车上不愿意为老弱病残让座，等等。试想，一个自私任性、懒惰冷漠，甚至缺乏同情心、爱心、责任心的学生怎能担当起家庭、社会、国家、人类的重任？因而，将心态积极，乐观负责，富有世界眼光、中国灵魂的学生输送到高校、社会，是国家发展、民族振兴、人类发展对教育的要求。

作为学校，对学生进行相应教育责无旁贷。为此，我校依据国情、学情、校情，研究并制定了适合我校的“1123”德育模式。

我校德育“1123”模式，即“一目标”“一载体”“两羽翼”“三支撑”。“一目标”即以培养勤奋好学、积极向上、文明大气的一中人为目标。“一载体”即以中华优秀传统文化为载体。“两羽翼”即以“礼仪”“责任”为羽翼。礼仪教育是指根据学校交往活动中的礼仪规范，有目的、有计划、有组织地对受教育者施以全面系统的影响，使之掌握学校生活中的礼貌、礼节、交往程序等，学会表达尊重和敬意的活动。

责任教育是培养学生的责任感、责任心和责任意识，并形成相应的优良品质和高尚人格的教育。责任教育是礼仪教育的基础，礼仪教育是责任教育的升华与再现。因此在礼仪教育中注重渗透责任教育尤为重要。“三支撑”即以学校、家庭、社会为支撑，汇聚学校、家庭、社会等力量，使三个方面的教育互为补充，产生整体合力，构建出一种和谐的生态德育场，形成充满人文精神的学校德育，努力把学生培养成“知礼仪”“懂责任”的道德自律的人。

二、学校“礼仪·责任”教育的理论支撑

以《弟子规》《论语》为载体，用优秀传统文化塑造学校精神。

礼仪就是律己、敬人的一种行为规范，是对他人表示尊重和理解的过程和手段。礼仪的“礼”字指的是尊重，即在人际交往中既要尊重自己，也要尊重别人。礼仪其实就是交往艺术，就是待人接物之道。责任是应做的事情，也就是承担应当承担的任务，完成应当完成的使命，做好应当做好的工作，是对职责、任务、使命的确认与承诺。

礼仪和责任是密切联系的，二者相辅相成、相互促进 。礼仪是责任的外显行为，一个负责任的人必然是一个讲礼仪的人。礼仪教育内容包括人际交往礼仪及礼节中的谦恭、尊重、大度、文明礼貌等内涵，与责任教育的自律、感恩、担当、奉献等要素有着广泛的共通性。礼仪教育和责任教育目的、作用相一致。礼仪教育和责任教育基于共同的出发点和归宿，在实践教育过程中彼此相互渗透、相互结合。

中华民族优秀的传统文化，是祖先留给我们的一份弥足珍贵的宝贵遗产。《论语》《弟子规》的核心思想是孝、悌、仁、爱、礼、义、忠、信。走进《论语》，领悟孔子“仁者爱人”的博大情怀，“君子好学”的人生追求，“修身为本”的修养要求，“谦谦君子”的理想人格。走进《弟子规》，领悟做人要懂得感恩，待人接物要心怀恭敬之心，做人要谦虚谨慎，要找准自己的人生目标。我们在对学生进行国学教育时，取其精华，去其糟粕，结合学生的心理特点和时代特点，因材施教，做到与时俱进。不断提升学生的道德素养，引导学生在家庭做一个好孩子、在学校做一个好学生、在社会做一个好公民，从而引领学生修身立人、明礼诚信、厚德笃行，促进学生的全面发展。

第二章　以中华优秀传统文化 驯化心灵 塑造学校精神

一、以《论语》《弟子规》为载体，用传统文化唤醒个体自觉

我们在对学生进行国学教育时，结合学生的心理特点和时代特点，仔细研读《论语》和《弟子规》，用“敬”“和”“忠”“仁”四字概括我校的礼仪责任教育。敬是“毋不敬，严若思”，敬是礼仪之本质核心；和是“礼之用，和为贵”，和是礼仪之目的；忠是“竭尽心力以任其事、服其职”，忠是责任之具体体现；仁是“己欲立而立人，己欲达而达人”，仁是责任之源头。

把这四个字做成引人注目的宣传展板，让学生时刻感受到我校的核心文化，并入眼入心。

二、借助主题活动，“礼仪·责任”的主题在校园落地生根

（一）经典诵读

通过午间经典诵读、朗读教育读本等多种形式，让《论语》《弟子规》中的“礼仪·责任”内容在校园落地生根，遍地开花。政教处专门组织语文组骨干教

师编制了《携手经典、砺身立德——“礼仪·责任”午间诵读材料》《珍爱生命——午间诵读材料》《诵读国学经典》等小册子，引领学生利用零碎时间积极背诵、记忆《论语》及《弟子规》中的名篇、名句，为“礼仪·责任”教育的推进奠定了坚实的基础。

学校定期组织学生观看“礼仪·责任”专题视频，当学生被主人公的现身说法所打动时，他们流露出这样的心声：“在观看学校组织的《弟子规报告会》以后，我心底的某个角落被触动了，不是枯燥的说教，不是苍白的训导，这是比我们大不了多少的同龄人的现身说法，让我们感同身受！”还有同学这样写道：“当我从屏幕旁缓缓出场，耳中充满了主人公的满腔激动和满心酸楚。原来，一个人这样的灵魂依然可以被救赎，一个人的过失尽管无法弥补，而他的未来，却还是能走向光明的彼岸。挽救他的，便是震撼我的——《弟子规》。”

《弟子规》自我成长纠错表

项目	周一	周二	周三	周四	周五
孝悌					
谨信					
爱众					
亲仁					
学文					

注：对照《弟子规》的相应项目，做得好的地方打上对号，错的地方打上错号，写上学说，周六周日做出总结。

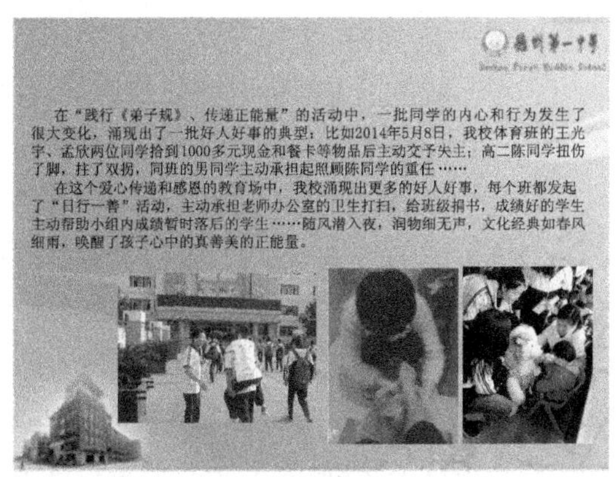

（二）手抄报、室内板报

为让学生意识到《弟子规》对自己身心的积极引导，学校政教处安排各班学生制作以《弟子规》为主题的手抄报和黑板报，借助学生的创作，以喜闻乐见的形式和风格来引导学生真正地走进《弟子规》，时时关注和了解《弟子规》，切实地使《弟子规》的精神在学生的心灵深处生根发芽。

（三）汉字听写大赛暨中华优秀传统文化大赛

以“聆听华夏音 书写汉字韵 写工工整整中国字 做堂堂正正中国人”为主题的德州一中汉字听写大赛暨中华优秀传统文化大赛，已成功举办了数届，大赛不仅增长了学生的知识，而且培养了学生热爱祖国语言文字的强烈感情。汉字由于它自身独特的结构，其一笔一画，都能反映出东方传统思维模式及其深刻内涵，里边蕴含的是做人的道理和深邃哲理。这一活动凸显了德育润物无声的工作特点，拓展了德育途径，为我校的“礼仪·责任”教育又添上了浓墨重彩的一笔。传统文化内容的考题，采用名言警句填空的形式，名言警句中蕴含着爱国、诚信、励志、尚德、修身、仁爱等人生哲理，是中华传统文化的结晶，是我们宝贵的文化遗产。比赛要求学生不但能准确背诵，而且能正确规范地书写出来，学生在用心书写中，领略汉字魅力，感受文化精髓，体悟写方方正正中国字、做堂堂正正中国人的朴素道理。

附1：汉字听写大赛暨中华优秀传统文化大赛注意事项和规则

1. 参赛选手

①选手自带凳子，在舞台就座，每队分组排列。为节省时间、保证比赛的连贯性，当第一名选手出场比赛时，第二名选手从队内到候赛位等待，以此类推。候赛位在中间两队的队尾，比赛位在一体机前面。

②为保证比赛公平，选手在舞台上不准携带任何资料。一经发现，直接淘汰。

③服装：统一、大方、得体。

④礼仪：上场、退场要鞠躬致意，得体的礼仪更显个人文化素养。

2. 观众代表

①高一、高二年级各组织500人入场观赛。各年级将座位号码分配到班级，同时将纸质版分配详案交政教处老师，届时以此来检查各班纪律情况，并计入团队活动分数。穿班级标志服的同学要坐在本班第一个位置上（特别提醒一下）。观赛班级要由班主任或副班主任到场维持纪律，处理突发事件，坐在本班最后一排的最外侧（数字大的一侧）。注意第五、六排的1~10号为预留座，请不要安排任何人。

②服装：一律着校服入场，必要时可套马甲。

③带好纸笔参与听写。其他闲杂物品（听的、吃的、玩的等）不得带入会场，一经发现，除没收违规物品外，还要将违规情况记入“德育成长记录”，并将酌情扣除班级纪律分。

④可适当为自己的队伍宣传加油，调节气氛，但不要影响正常比赛。

⑤退场时，请将座椅座套收拾整齐，周围环境清理干净。

附 2:《汉字听写大赛暨中华优秀传统文化大赛比赛规则》

高一、高二年级分别组建四支六人组代表队（共 8 支），分年级进行决赛，决赛采取必答、抢答、共答模式，决出第一、二、三、四名。第一名获一等奖，第二名获二等奖；第三、四名获三等奖（奖品不同）。另外，为活跃现场气氛，增加同学们的参与热情，决赛阶段插入现场观众抢答环节，抢答正确者会有小礼品。

1. 必答题部分，采用加分制

①每队初始分为 100 分。每队按照队员序号依次出赛作答，在规定时间内答出者，加 10 分；未答出或答错者，不加分。

②必答题部分只有一轮，每人只听写一道题。

2. 抢答题部分，采用加减分制

①有效抢答时间为 3 秒钟。在主持人每念完一道题目后，参赛队进入抢答状态，抢答器倒数 3、2、1，听到“嘀”声后抢答开始。如抢答成功，则抢答器报出抢答成功的组号，主显示牌显示抢到的组号。答对每题加 10 分，犯规、抢到不答、答错均扣 10 分。

②抢答题有三轮。每队按照队员序号依次出队抢答（在一名队员抢答时，其他队员一律不得提示答案，否则扣 10 分）。在规定时间内答出者，加 10 分；未答出或答错者，扣 10 分。参赛队员回答完问题，必须明确表示“回答完毕”。在有效答题时间（5 秒）内，在未表示“回答完毕”之前，抢答者可进行更改。但在已明确表示“回答完毕”后，不能进行更改。答题以最后更改的内容为准。

3. 共答题部分，采用加分制

在规定的时间内，各队队员合作完成编写（在编写完成后不得进行更改），在主考官的监督下选出代表当众宣读。在四支队伍宣读完毕后，由裁判员老师进行评判，评定出 A、B、C、D 四等，分别给队伍加 40、30、20、10 分。

4. 加赛规则

①在必答题、抢答题、共答题环节完毕后，如总分前三名出现并列的情况，则在总分并列的参赛队中进行加赛决出胜负。

②加赛按照抢答题的规则进行，一题定输赢。

5. 其他未尽事宜，由组委会临场裁决

附 3：汉字听写大赛暨中华优秀传统文化大赛试题

[必答题]

第一循环

第一轮

1. 桀骜不驯(jié' ào bù xùn) : 性情倔强不驯顺。

2. 椎心泣血(chuí xīn qì xuè) : 捶打胸膛，哭得眼中出血，形容极度悲痛的样子。

3. 鞭辟入里(biān pì rù lǐ) : 形容能透彻说明问题，深中要害。

4. 断简残篇(duàn jiǎn cán piān) : 指残缺不全的书籍文章。

第二轮

1. 虚与委蛇(xū yǔ wēi yí) : 指对人虚情敷衍应酬。

2. 优孟衣冠(yōu mèng yī guān): 优孟，春秋时楚国著名的演杂戏的人，擅长滑稽讽谏；比喻假扮古人或模仿他人。也指登场演戏。

3. 光风霁月(guāng fēng jì yuè) : 形容雨过天晴时风清明净的景象，比喻开阔的胸襟和心地，也比喻太平清明的政治局面。

4. 宵衣旰食(xiāo yī gàn shí) : 天不亮就穿衣起来，天黑了才吃饭，形容勤于政务。

第三轮

1. 曲突徙薪(qū tū xǐ xīn) : 曲，弯曲；突，烟囱；徙，迁移；薪，柴火。把烟囱改建成弯的，把灶旁的柴草搬走。比喻消除可能导致事故的因素，防患于未然。

2. 以邻为壑(yǐ lín wéi hè) : 意思是将邻国当作沟坑，把本国的洪水排泄到那里去，后比喻把困难或灾祸推给别人。

3. 云谲波诡(yún jué bō guǐ) : 形容房屋建筑形式就像云彩和波浪那样千姿百态。后多用来形容事态或文笔变幻莫测。

4. 擢发难数(zhuó fà nán shǔ):形容罪恶多得像头发那样,数也数不清。

第四轮

1."海上生明月,天涯共此时"的作者是______。答:张九龄。

2."天行健,君子以自强不息;地势坤,君子以厚德载物"出自__________。答:《易经》或《周易》。

3."岁寒三友"指的是________。答:松、竹、梅。

4. 北宋文坛四大家是______________。答:黄庭坚、欧阳修、苏轼、王安石。

第五轮

1. 下面诗人的别称对应不当的一项是(　　)。

A. 诗圣——杜甫　B. 诗豪——贺知章　C. 诗魔——白居易　D. 诗骨——陈子昂

答:B

解析:诗豪——刘禹锡

2. 下列乐曲不是十大古代名曲之一的是(　　)。

A.《高山流水》　B.《阳春映雪》　C.《梅花三弄》　D.《汉宫秋月》

答:B

解析:《阳春白雪》

3. 中国是闻名世界的礼仪之邦,早在先秦就形成了一套完备的礼节仪式和礼仪制度。传统的说法,把礼划分为五类,称为"五礼",即(　　)。

A. 吉、凶、军、宾、嘉　　B. 温、良、恭、俭、让

C. 恭、宽、信、敏、慧　　D. 天、地、君、亲、师

答:A

解析:五礼,即当代汉族礼仪的总称。祭礼之事为吉礼,丧葬之事为凶礼,军旅之事为军礼,宾客之事为宾礼,冠婚之事为嘉礼。

4. 下面各项中不正确的一项是(　　)。

A. 春秋战国时期,诸侯死了叫"薨";后世有封爵的大官死了也可以叫"薨"。

B. 汉代的国家中枢机构由丞相、太尉、御史大夫组成,称"三公"。其中御史大夫总管行政。

C."顿首"是古代的一种礼节,即拜跪于地,引头至地,头顿地再抬起。

D."乞骸骨"就是官员因年老请求退职,字面意思就是请求使骸骨归葬故乡。

答:B

解析:丞相总管行政,太尉掌管军队,御史大夫总管监察百官。

第六轮

1. 下列对文中相关内容的解说，不正确的一项是(　　)。

A. 古人的“坐”是以两膝着地，两股贴在脚跟上。两膝着地，直身，股不着脚跟，是“跪”。跪与坐二者的区别是“跪安而坐危”。

B.“跽”是挺腰耸身，是受惊而耸身欲起的样子。这种动作因与跪的动作相似，因而也叫“长跪”。

C. 古人座席也有讲究，所谓“虚坐尽后，食坐尽前”。“尽后”就是尽量把身体往后坐一点，表示谦恭；“尽前”就是尽量把身体往前挪一点，不因饮食而玷污座席。

D.“拜”是古人常用的表示礼节的方式，就是行礼叩头。不同的场合用不同的拜礼，故后有“三叩九拜”之称。

答：A

解析：应为“跪危而坐安”。

2. 在下列解说中不正确的一项是(　　)。

A.“总角”指的是古时男子未成年时的发型，常用来指儿童时代。

B.“部伍”指的是军队的编制单位，部曲行伍，也泛指军队。

C.“嗣位”指的是继承君主之位，“嗣”本义是传位或传业给嫡长子。

D.“伯”是古代爵位称呼，旧时周代爵位有公、侯、伯、子、男五种。

答：A

解析：“总角”指未成年的人把头发扎成髻，不分男女。

3. 下列相关内容的解说，不正确的一项是(　　)。

A. 古代，妇之父母与婿之父母相谓为婚姻，分开来说，则妇之父为婚，婿之父为姻。两婿相谓为娅，后代俗称连襟。

B. 婿的本意是夫，女婿是女之夫。子在上古兼指儿子和女儿，子婿也是指女之夫。

C. 古代兄弟或姊妹间依长幼排行时，习惯上以伯、仲、叔、季为序。一般来说，“伯”是老大，“仲”是老二，“叔”是老三，“季”是最小的。

D. 兄弟姊妹中年纪最大的称“伯”，有时也称“孟”，但二者有区别：嫡长子称“孟”，庶出长子称“伯”。

答：D

解析：嫡长称“伯”，庶长称“孟”。

4. 下列对文中相关内容的解说，不正确的一项是(　　)。

A. 山的北面、水的南面为阴，山的南面、水的北面为阳，如江阴是指长江的南岸，河阳指黄河的北岸。

B. 农历每月的第一天叫“朔”，三十这一天叫“晦”。每个月的十五称为“望”，每个月的十六称为“既望”。

C. 古人把每个季节三个月顺次称为孟、仲、季，仲夏就是夏季的第二个月，即农历五月。

D. 古人用十二地支纪时，其中子时是指 23 点至 1 点，辰时是指 7 点至 9 点，午时是指 11 点至 13 点。

答：B

解析：农历每月最后一天称“晦”。

第二循环

第一轮

1. 覆水难收（fù shuǐ nán shōu）：意思是倒在地上的水难以收回，比喻事情已成定局，难以挽回。也用此表示夫妻关系已经断绝。

2. 耳鬓厮磨（ěr bìn sī mó）：释义为耳与鬓发互相摩擦。形容亲密相处的情景。多指恋人相恋的亲密情景。

3. 怀瑾握瑜（huái jǐn wò yú）：怀：怀藏；握：手握；瑾、瑜：美玉，比喻美德。比喻人具有纯洁高尚的品德。

4. 璞玉浑金（pú yù hún jīn）：“璞玉”是指未经人工雕琢的玉；“浑金”是指没有冶炼过的金子。比喻人的品质纯美质朴，或指天然浑朴的精美之器。

第二轮

1. 蓬生麻中，不扶而直（péng shēng má zhōng，bù fú ér zhí）：蓬草长在麻地里，不用扶持也能挺立住。

2. 庆父不死，鲁难未已（qìng fǔ bù sǐ，lǔ nàn wèi yǐ）：解释为如果不除去庆父，鲁国的灾难是不会终止的；比喻不清除制造内乱的罪魁祸首，国家就不得安宁。

3. 不以一眚掩大德（bù yǐ yī shěng yǎn dà dé）：以，因；眚，过失、错误；掩，遮蔽，遮盖；德，德行。不因为一个人有个别的错误而抹杀他的大功绩。

4. 兄弟阋于墙（xiōng dì xì yú qiáng），外御其侮：比喻内部虽有争斗，但能一致对外。

第三轮

1. 问：导致“洛阳纸贵”的是哪部作品？答：《三都赋》。

2. 问“丞相祠堂何处寻，锦官城外柏森森”中的“锦官城”指的是现今哪一座城市？答:成都。

3. 问:“阁中帝子今何在？槛外长江空自流”描述的是我国古代哪一处名胜古迹？答:滕王阁。

4. 问:中国的“寒食节”源于春秋时期哪一个人的故事？答:介子推。

第四轮

1.《孟子·鱼我所欲也》中表示,生是我希望得到的,义也是我希望得到的,但“**二者不可得兼,舍生而取义者也**。”

2. 王维《使至塞上》“**大漠孤烟直,长河落日圆**”一联,写了诗人到达边塞后看到的奇特壮丽风光,画面开阔,意境雄浑。

3.《论语十则》中,论述学习的三个层次的语句是:**知之者不如好之者,好之者不如乐之者**。

4.《泊秦淮》中讽喻晚唐统治者醉生梦死、荒淫误国的诗句是:**商女不知亡国恨,隔江犹唱后庭花**。

第五轮

1.《子路、曾皙、冉有、公西华侍坐》中,孔子没有直接让弟子言志,而是先用温和自谦的话打消学生的顾虑,为他们创造一个轻松、亲切、活跃的环境。他说:**以吾一日长乎尔,毋吾以也**。

2. 在《季氏将伐颛臾》中,运用比喻论证冉有、季路有过错的句子是:**虎兕出于柙,龟玉毁于椟中**。

3. 在《离骚》中表明诗人当仁不让,自荐充当楚国政治的引路人的句子是:**乘骐骥以驰骋兮,来吾道夫先路**!

4. 在《春江花月夜》中勾勒出一幅“江潮连海,月共潮生”的壮丽画面的句子是:**春江潮水连海平,海上明月共潮生**。

第六轮

1. 孔子在《侍坐》中哂笑子路的原因是:“____________。”答:**为国以礼,其言不让**。

2. 孔子在《季氏将伐颛臾》中提到使别国人民归顺本国的做法的句子是:________________。答:**故远人不服,则修文德以来之**。

3.《离骚》中写屈原看到时光易逝,担心国君易老、昏聩误国、保守落后的句子是:________________。 答:**惟草木之零落兮,恐美人之迟暮**。

4.《将进酒》中藐视富贵利禄而又怀才不遇的句子是:____________。答:**钟鼓**

馔玉不足贵，但愿长醉不复醒。

[抢答题]

第一轮

1.“青梅竹马”的典故取自下列哪首诗歌？（ ）

A. 李白《长干行》　　B. 白居易《长恨歌》

C. 李煜《虞美人》　　D. 李商隐《无题》

答：A

解析：郎骑竹马来，绕床弄青梅。——李白《长干行》

2. 我们常说的“鸿雁传书”源自以下哪个历史故事？（ ）

A. 文姬归汉　　B. 霸王别姬

C. 苏武牧羊　　D. 楚汉相争

答：C

3.“书到用时方恨少，事非经过不知难”是哪位人物的名言？（ ）

A. 陈廷焯　　B. 苏轼　　C. 葛洪　　D. 杜甫

答：A

4. 下列不属于“二十四史”的典籍是（ ）。

A.《史记》　　B.《旧唐书》　　C.《清史稿》　　D.《明史》

答：C

第二轮

1. 下列乐器不是中国古代“四大名琴”的是（ ）。

A. 号钟　　B. 编钟　　C. 绕梁　　D. 焦尾

答：B

解析：四大名琴：号钟、绕梁、绿绮、焦尾。

2. 古代把媒人称为“伐柯人”最早起源（ ）。

A.《周礼》　　B.《礼记》　　C.《诗经》　　D.《汉书》

答：C

3. 我国古代历法中的24节气中“立夏”这一节气大约是现行公历的什么日子？（ ）

A.4月5~6号　　B.5月5~6号　　C.5月7~8号　　D.4月7~8号

答：B

4. 被称为“榴月”的农历几月？（ ）

A. 三月　　B. 四月　　C. 五月　　D. 六月

答:C

解析:“五月榴花照眼明”——宋·朱熹《题榴花》。

第三轮

1. 四大书院中位于江西的是(　　)。

A. 白鹿洞书院　　B. 石鼓书院　　C. 应天府书院　D. 岳麓书院

答:A

2. 孔子当年的教育大体分为四个方面,称“四科”,指的是(　　)。

A. 仁义礼智　　B. 文行忠信　　C. 礼义廉耻　　D. 忠孝诚信

答:B

3. 古都是中国历史上统一国家或地方政权的首都,中国自古就有“四大古都”之说。其中“四大古都”是指(　　)。

A. 西安、开封、杭州、安阳　　B. 开封、杭州、安阳、郑州

C. 北京、南京、开封、杭州　　D. 西安、洛阳、南京、北京

答:D

4.“阳关大道”原是指通往哪里的道路?(　　)

A. 东海　　B. 西域　　C. 南国　　D. 中原

答:B

解析:“西出阳关无故人”——唐·王维《送元二使安西》。

[共答题]

请把下面一首诗改写成一篇300字左右的散文片段,5分钟后朗读给大家听。

《杂诗》其一

高台多悲风,朝日照北林。
之子在万里,江湖迥且深。
方舟安可极,离思故难任!
孤雁飞南游,过庭长哀吟。
翘思慕远人,愿欲托遗音。
形影忽不见,翩翩伤我心。

附:白话译文

高台上常常吹着悲风,早晨的太阳照着北林。
我怀念的人在万里外,大江大湖很远很深。
这舟船哪能顺利到达? 实难安置我怀念的心。

掠过庭院南飞的孤雁，长声哀鸣真使人伤神。

抬头望着孤雁，我在想——托你带个信给远地的人。

孤雁不理睬地飞过去了，飞动的影子更使我伤心。

[加赛抢答题]

“十年树木，百年树人”出自下列哪一部作品？（　）

A.《孟子》　　B.《韩非子》　　C.《管子》　　D.《孙子》

答：C

[一题定胜负]

《红楼梦》第六十三回“寿怡红群芳开夜宴”中，黛玉掣得的是什么花签？（　）

A. 牡丹　　B. 芙蓉　　C. 蜡梅　　D. 兰花

答：B

链接：新闻报道

弘扬传统文化，激扬青春风采
——德州一中老校区第四届优秀传统文化大赛成功举行

2019 年 1 月 6 日，德州一中老校区在办公楼报告厅里成功举办了第六届汉字听写大赛暨第四届优秀传统文化大赛。学校党委书记、校长李德民，副校长王志祥、崔霞、肖勇以及年级领导一起观摩了整场比赛。

本次活动由政教处联合高一、高二年级承办。经过层层选拔，确定出决赛的阵容——两个年级共八个小组分别进行对抗，赛场气氛热烈有序，欢呼喝彩声不断。参赛同学遵守规则、思维敏捷、表述清晰，展现了一中学子的风采，体现了大家对传统文化的热爱与文学修养，也展现了学校德育工作的积极成果。

汉字包含着丰富的文化内涵和审美意蕴，是中华文明最璀璨的瑰宝之一。比赛强调同学们规范书写汉字，体味汉字之美；选择和抢答环节，涉及传统文化的方方面面，需要参赛同学知识面广、反应迅速；按照课改和高考立德树人、培养核心素养的要求，情景式默写加大了答题的难度，不再强调单一的背诵，而是要求参赛同学理解得准确到位，背诵得准确无误，书写得准确规范；诗词仿写环节要求大家在有限的时间内将诗词改写为散文，这在极大程度上体现了同学们日常写作功底、临场发挥能力、小组成员配合能力以及快速书写能力。

通过此次活动，同学们更加重视传统文化，让传统文化真正地根植于我们的内心，弘扬传承！

（四）校园文明岗，一道靓丽的风景线

活动目的：文明岗的设立是让学生通过“自我管理、自我教育、自我服务”的方式，达到学会学习、学会生活、学会做人的目的。他们以良好的精神风貌，感染那些校园中的不文明行为，让那些不文明现象在他们面前自惭形秽，从而提升学校的德育水平。这对形成良好的校风校貌和形成健康的校园文化大有裨益。

校园文明岗值岗细则：

一、值岗意义

校园文明岗是展现学生文明礼仪和精神风貌的一个重要窗口。同学们通过身体力行地参与值岗活动，把文明礼仪内化为自己的行为习惯。

二、岗位分配及职责

1. 标兵岗（每班每次值岗安排 20 人）

位置 1：学校大门口 8 人。

位置 2：主教学楼大门口 2 人。

位置 3：校园主要通道两边 10 人。

职责

①发挥文明礼仪的标兵示范作用。

②入校期间督促同学仪表穿戴文明，校门口的值岗同学要及时做好迟到登记。

③放学时及时劝阻和制止不文明行为。

④晚餐时间检查校园不文明行为。

值岗时间

第一轮：早上 06：30—07：00

第二轮：中午 11：50—12：10

第三轮：下午 13：40—14：05

第四轮：下午 17：30— 18：30

2. 流动岗（每班每次值岗安排 10 人，2 人一组共分 5 个小组）

位置：每小组负责一个固定的区域，并在区域内进行流动值岗。

职责

①检查监督校园内的不文明行为，如遇到特殊情况应马上向行政值日领导或学生办值班老师报告。

②在流动值岗时负责该区域内的卫生保洁（主要是路面的卫生捡扫，可准备垃圾袋）。

③分三轮检查各班公共区小扫情况，并如实填写好检查登记表，于当天值岗完毕后交学生办。第一轮检查时间：早自习铃声响后 5 min 内。第二轮检查时间：第四节课后 15~20 min 内。第三轮检查时间：第五节课前 5~10 min 内。

作息时间

第一轮：早上 07：10—07：45（重点检查公共区小扫情况）。

第二轮：中午 11：50—12：10

第三轮：下午 13：40—14：05

三、值岗要求

①请班长在本班值岗前，做好充分准备工作，尤其注意选拔好标兵岗的同学。

②严格遵守值岗作息时间。做到不迟到、不早退，更不能空岗。

③注意仪表，穿好校服、带好绶带。

④标兵岗应站姿挺拔、文明有礼，主动向老师问好。

⑤流动岗应大胆细心做好督查工作，耐心认真做好捡扫工作。

⑥各班值岗完毕后，请班长进行小结。

四、检查评价

政教处将按照值岗作息时间，每天对各班值岗情况做三次检查，并将检查结果量化为分数形式。每周升旗仪式进行小结，按量化分数评选“校园文明岗优秀班级”，并颁发奖状。

具体考核值文明岗的班级这几个方面：

①遵守作息时间的情况；

②仪表、精神面貌、文明礼仪方面；

③各岗位履行职责的情况。

(五)演讲比赛

我校的“礼仪·责任”教育的价值指导与我国提倡的社会主义核心价值观高度一致。为此,在社会主义核心价值观的指导下,学校政教处团委每学期都举行以“践行社会主义核心价值观,争做文明学生”为主题的系列演讲比赛。

“践行社会主义核心价值观,争做文明学生”演讲比赛是学校积极践行社会主义核心价值观,为营造讲文明、懂礼仪的浓厚氛围,提高学生文明素养,进一步培养学生理解、宽容、谦让、诚实的待人态度和庄重大方、热情友好、礼貌待人的文明行为而举行的系列大型比赛。每个学期,同学们在享受演讲比赛带来的感动和震撼的同时,他们的心灵也经受了一次洗礼!

在学习和践行社会主义核心价值观的过程中,学校涌现出了一大批学习雷锋的美德好少年。2016 年 3 月 15 日中午,德州市公安局德城分局的宋超警官在小区楼道内不慎将黄金项链丢失,价值四千余元。我校 2014 级 16 班的学生邹琛在楼道内捡到了项链,在看到寻物启事后,主动将项链归还失主。 2018 年 7 月 3 日晚上,临邑县孟寺镇北崔家村董祥瑞不慎将装有 1 030 元现金、身份证、银行卡等贵重物品的钱包遗失，我校2016级8班的学生陈慧程、李惠儒捡到钱包后，主动将钱包交给老师，老师通过政教处联系失主，最后找到了失主并将钱包归还。

诚信是立人之本，诚信是人内心升起的太阳，可以照亮别人，也可以温暖他人。如果每一位同学都能认真践行社会主义核心价值观，诚信待人处事，就一定能肥沃我们的道德土壤，净化我们的社会风气，美化我们的和谐校园。

（六）国旗下的誓言

升旗仪式是对学生进行礼仪责任教育、爱国主义教育和集体主义教育的重要手段。学校通过升旗仪式，有主题地、系列化地、持续地对学生进行礼仪责任教育、爱国主义教育和集体主义教育。

1. 升旗方式

在每周一早读后举行升旗仪式，学校大型集体活动举行升旗仪式，其余时间每日（假日除外）升降国旗，早餐后升起，晚饭后降下，如遇恶劣天气，要及时收旗。

2. 升旗办法

①在举行升旗仪式时，由校政教处、团委和年级组共同负责。

②平日升旗实行班级轮流升旗制度。

3. 参加人员

全校师生。

4. 升旗仪式程序

①出旗。

②奏国歌升旗。

③国旗下讲话。

④总结评点。

5. 责任部门

政教处、团委、年级组。

具体分工

①政教处、团委主要负责安排学校具体升旗工作，训练升旗手并收集相关资料。

②年级组主要负责组织全校师生按时列队。

6. 具体要求

①举行升旗仪式时，旗手由校升旗手担任。校升旗手由团委负责训练和组织。要求旗手持旗，护旗手在两侧，齐步走向旗杆，在场的全体师生立正站立。

②举行升旗仪式时，全校师生必须全体参加，由年级教师组织师生按要求统一站位，整齐列队，面向国旗，肃立致敬。

③教职员工应该参加升旗仪式，不能参加的教职员工应向相关领导请假。参加升旗仪式迟到者，按参加学校集会迟到处理。

④学生无故不参加升旗仪式者每人次扣除班级考核分数 2 分，迟到者每人次 1 分。由当天学生会值日学生清点学生出勤人数并做好相关记录。

⑤国旗下讲话演讲任务由学校班子成员、先进教师或优秀学生代表完成，在升旗仪式结束后，要将演讲稿上交团委存档。

⑥如升旗仪式当天不能举行，则该周升旗仪式取消，但国旗下讲话稿仍须上交团委存档。

⑦升旗值日班级的旗手和护旗手，由各班学生中推选出的表现突出的学生担任，旗手和护旗手经过严格训练方可执行任务。

⑧升旗值日班级在升降国旗时不得使国旗落地，凡经过现场的师生要自觉肃立，待完毕后方可自由行动。

⑨以上安排如有变动，由团委负责通知。

⑩升旗活动纳入班级考核。

附：升旗仪式系列化方案（上学期）

时间	主题	内容、要求	讲话人
第一周	入学教育	庆祝教师节	
第二周	爱国主义教育 理想教育	纪念“九一八”，铭记历史，振兴中华	

续表

时间	主题	内容、要求	讲话人
第三周	爱国主义教育 信念教育	担当时代责任，放飞青春梦想	
第四周	文明礼仪教育 传统教育 感恩教育	颂重阳佳话，修道德品行	
第五周	养成教育	合作成就未来	
第六周	文明礼仪教育 传统教育	关注小环境，共享大健康	
第七周	信念教育	迎战期中，我必成功	
第八周	爱国主义教育	纪念空军建军，铸银翼展翅翱翔	
第九周	学习经验介绍	珍惜时间，白首方悔读书迟	
第十周	学习经验介绍	谈毅力	
第十一周	法制安全教育	强化宪法观念，推进依法治国 宣传宪法精神，维护宪法权威	
第十二周	养成教育	文明创建共参与，文明成果同受益	
第十三周	爱国主义教育 理想教育	长钦赤子振中华，崭新时代大有作为	
第十四周	勤俭教育 纪律教育	滴水石穿，永不言弃	
第十五周	心理健康教育	考前心理教育	
第十六周	励志教育	明确学习目标，为中华之崛起而读书	

升旗仪式系列化方案（下学期）

时间	主题	内容、要求	讲话人
第二周	入学教育	写给高考中的追梦人	
第三周	爱护环境	从植树节说开去——保护环境从身边做起	
第四周	法制安全教育	全员动员共创文明城市	
第五周	心理健康教育 文明礼仪教育	愿心灵充满阳光，愿笑声清澈爽朗	
第六周	爱国主义教育 传统教育	缅怀先烈、积聚力量、共筑理想	
第七周	信念教育	关注小环境，共享大健康	
第八周	理想教育	世界那么大，我们应该去看看	

续表

时间	主题	内容、要求	讲话人
第九周	爱国主义教育 理想教育	纪念“五四”运动，发挥团员带头作用	
第十周	学习经验介绍	坚持是一种能力和品质	
第十一周	学习经验介绍	考后总结——认真总结重启征程	
第十二周	养成教育	纪念爱国诗人屈原，让爱国精神世代相传	
第十三周	法制安全教育 纪律教育	知法守法促安全	
第十四周	勤俭教育	自信执着，我必成功	
第十五周	爱国主义教育 理想教育	庆“七一”，不忘初心跟党走	
第十六周	爱国主义教育 励志教育	卢沟桥畔，战火曳空，山河日新，吾辈自强	

附4：重大节日的升旗仪式

关于国庆节升国旗仪式的活动方案

2019年10月1日是中华人民共和国七十周年华诞。为了培养学生的爱国情怀，营造节日氛围，彰显一中师生积极向上、爱国敬业的精神面貌。我校特举行德州一中全体师生参与的国庆节升旗仪式。

具体通知如下。

一、地点

喷泉广场。

二、时间

9月30日（星期一）。

三、人员

全体学生及全体正式职工。（包括各科室行政人员、高一年级、高二年级、高三年级全体师生）

四、升旗仪式流程

时间安排

6：40 学生到校。（提前10分钟到校）

6：50 团支书到达指定位置。

6：50 下楼集合，人员就位后开始诵读。

7：05 全体学生集合完毕。

7：10 全体教职工集合完毕。

7：10 升旗仪式正式开始。

仪式流程

（1）升旗仪式。出旗、奏唱国歌。全体师生唱响国歌。

（2）国旗下讲话《我爱你，我的祖国》。（讲话教师：罗娜）

（3）高一 23 班朗诵诗歌《祖国颂》。（班主任：段玉雯）

（4）全体学生合唱《歌唱祖国》。（指导教师：刘玉选及音乐组教师）

（5）组织解散。

五、升旗仪式队列位置分布

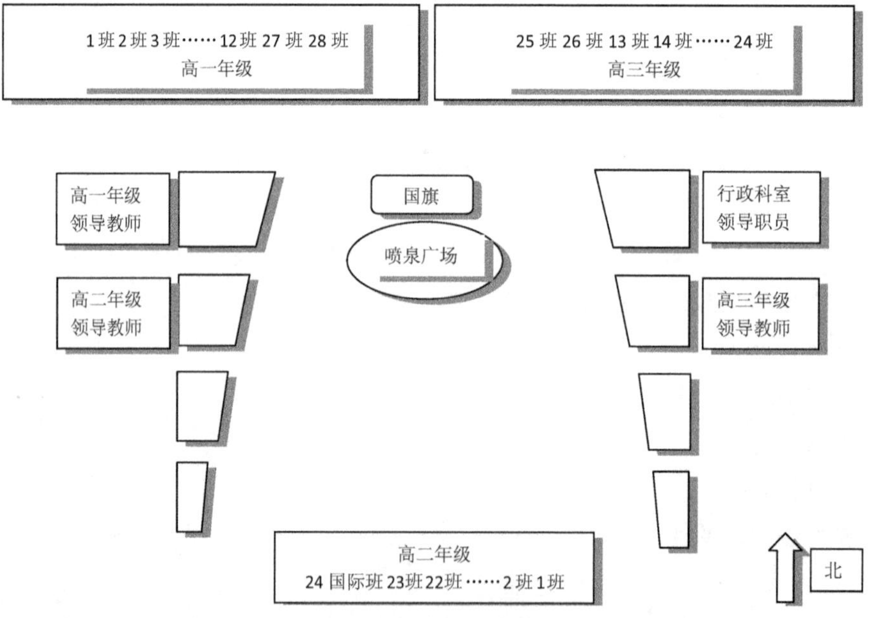

注：学生队列负责人：郝亮、王东峰、学生会相关工作人员。

高一教师负责人：苏海龙、毕德建。

高二教师负责人：郝金超、徐磊。

高三教师负责人：赵文智、贾春峰。

行政队列负责人：科室主任等、聂金瑞。

队列负责人职责：整理教师队列、提醒教师手机调至静音，禁止接打电话。

六、各部门职责

项目	责任人	职责
政教处办公室	张超、泊立勇	召开协调会议，通知各年级、科室。提出各项要求，提醒高度重视（9月27日，周五）
高一、高二、高三、各科室	年级主任、科室主任	开会通知所有教师教职工升旗仪式具体要求（9月27日，周五）。 明确集合时间、集合地点、会场纪律（列队、工装、手机关机）。 升旗仪式开始，唱响国歌
政教处团委	郝亮、王东峰	1. 通知各班级，下发纸质材料，要求学生高度重视，提出要求（9月27日，周五）。 2. 训练国旗班（9月28日，周六）。 3. 排练仪式流程，布置场地（9月30日，周一）。 4. 组织学生会进行服务（9月30日，周一）。 5. 调试音响设备
政教处团委	高一：苏海龙、毕德建 高二：郝金超、徐磊 高三：赵文智、贾春峰 行政：科室主任、聂金瑞	1. 整理教工队列、负责签到、提醒教师禁止接打电话（9月30日，周一）。 2. 赵文智、郝金超、苏海龙准备年级誓词四句（十六字）（9月27日，周五）。 3. 赵文智、郝金超、苏海龙负责年级领誓，每人持一个话筒，站在年级学生队列前（9月30日，周一）
高一年级 高二年级 高三年级	高爱虎、李刚 赵庆水、纪红彬 孙传清、张振中	召开级部班主任会议。（9月27日，周五） 1. 通知各班班主任于9月28日上午大课间带全体学生至喷泉广场集合彩排。 2. 班级练习《义勇军进行曲》《歌唱祖国》，要求声音洪亮，督促班主任于9月30日早晨6：40到教室组织学生下楼集合。 3. 在各个楼层安排教师，防止学生下楼时发生拥挤踩踏。 4. 参考平时疏散路线，制定更合适的疏散路线，防止集合时拥堵。站位在中间的班级需要比其他班级提前就位。各班下楼集合后，有序跑动到喷泉广场指定位置集合
高一年级 高二年级 高三年级	所有班主任	1. 在集合时负责学生安全、纪律。召开班会时强调：集合不要拥挤，应有序，唱歌时声音响亮，解散时听指挥，保持安静（9月29日，周六）。 2 学生集合完毕后，到年级教师队列集合。（9.30 周一）

续表

项目	责任人	职责
音乐组	音乐组老师	教学生熟练歌唱《歌唱祖国》,声音整齐、协调。 在齐唱时摇动国旗(9 月 27 日,周五;9 月 28 日,周六;9 月 30 日,周日)

七、相关科室部门责任人的职责

部门负责人应提高认识,当作一次重要任务,落实好相关安排。全体职工按时到位,穿工装。

德州市第一中学

2019 年 9 月 26 日

谱写时代新

承中华传统
颂重阳佳话

第三章　军训“礼仪·责任”教育的第一课

在高中阶段进行军训，不仅能增强学生国防意识，帮助学生树立正确的世界观、人生观、价值观，还能磨炼学生坚韧不拔的意志品质，增强学生严明的组织纪律性，培养中学生的集体主义与团队合作精神。为实现这种全方位的教育目标，军训作为高中入学的第一项教育活动，起着承前启后的重要作用。

为圆满完成军训任务，我校根据学生的心理生理特征，结合我校学生管理实际，总结以往军训的经验，坚持以人为本，融入积极心理学和赏识教育的理念，大胆探索，初步形成了我校独具特色的学生军训模式。特色军训以礼仪责任教育、爱国教育和励志教育三大主题为核心，围绕这三大主题开展了一系列教育活动。

一、经典诵读比赛

校政教处专门组织人员编制了《携手经典，砺身立德——“礼仪·责任”午间诵读材料》《诵读国学经典》等小册子，引领学生利用军训时间，积极背诵、记忆《论语》及《弟子规》中的名篇、名句，在军训歌咏诵读比赛中集中展示，为“礼仪·责任”教育的推进奠定了坚实的基础。

二、团体心理辅导

学校心语工作室在军训期间集中开展一次团体心理辅导活动，心理辅导老师作为活动指导员带领学生们完成多项活动，给学生一些专业的指导。在活动中，心理辅导老师充分调动学生们的积极性，学生们认真、投入地参与活动，现场气氛热烈。

三、国防与消防安全教育

为了加强同学们的国防教育和消防安全教育，学校在军训期间统一给每个学生发放《国防教育读本》和《学生军训消防安全知识》，举行消防演练，增强同学们的消防安全意识和逃生能力。

四、励志教育活动

通过讲座《如何做一个阳光男孩、优雅女生》，指导高一新生用坚强的意志迎接高中学习生活，用包容豁达的心态去建立珍贵的友谊，用欣赏的姿态看待自己，用文明礼仪塑造自己，用健康的体魄迎接压力与挑战，用感恩的心面对父母和师长，争做快乐、健康、智慧、感恩的人，用快乐的心态面对困难与挫折！

学校朗诵队激情朗诵《少年中国说》《飞扬的青春》等，以诗文咏志传情，唱响传统文化之美。“天戴其苍，地履其黄。纵有千古，横有八荒。前途似海，来日方长。美哉我少年中国，与天不老！壮哉我中国少年，与国无疆！”整齐洪亮的声音回荡在耳边，通过有意义的诵读活动，学生的责任心、使命感得到了增强。

五、远足拉练活动

远足拉练活动是我校高一新生军训活动的重要组成部分，既是我校“励志”“团队”“环保”主题社会实践活动的重要环节，也是我校的一项特色德育活动，旨在对学生进行励志教育、集体主义教育，培养学生的坚强意志和团队合作精神。

除了以上活动外，军训期间学校还举行了新广播体操“青春的活力”的学习和比赛、会操比赛、法制教育视频观看、班规班约的制定等活动，将单一、枯燥乏味、高强度的军训内容和丰富多彩的活动进行整合，使得军训富有教育意义和趣味性。学生在这种特色化军训过程中强健了体魄，陶冶了情操，了解了学校，规范了行为，收获了友谊，融洽了师生关系，增强了班级凝聚力，让学生充满了对未来的美好憧憬，开启自信的人生旅程。

特色化军训是我校多年来在对军训的探索中总结出来的新军训模式，其目的是通过这种契合学生发展需要的军训模式，培养学生良好的组织纪律观念、文明礼貌意识、举止行为习惯和集体荣誉感；引导学生树立正确的人生观、价值观和世界观并懂得感恩；培养学生雷厉风行、令行禁止和艰苦奋斗的优良品质；为进一步促进校风建设、班集体建设和个人素质养成奠定坚实的基础。

特色化军训既是我校一张特色鲜明的名片，也是我校军训工作新的探索和突破，必将促进我校学生德育管理工作再上新的台阶。

附1：军训时间安排表

具体时间安排

<table>
<tr><td rowspan="2">上　午</td><td>第一节：7：00—8：10（学习广播体操）</td></tr>
<tr><td>第二节：8：20—9：10　第三节：9：20—10：10　第四节：10：20—11：10　第五节：11：20—11：50</td></tr>
<tr><td>下　午</td><td>第一节：3：00—3：50　第二节：4：00—4：50　第三节：5：00—5：50</td></tr>
<tr><td>晚自习</td><td>第一节：7：00—7：50　第二节：8：00—8：50</td></tr>
</table>

具体内容安排

<table>
<tr><th>时　间</th><th colspan="2">节　次</th><th>军训内容</th></tr>
<tr><td rowspan="3">8月23日（星期四）</td><td colspan="2">下午4：00</td><td>军训动员大会；会后练习立正、稍息、整理着装、看齐、报数、集合、解散（每班六路纵队，女生在前，男生在后）</td></tr>
<tr><td rowspan="2">晚自习</td><td>第1节</td><td>班主任值班、开班会。学习《学生手册》中的《中学生日常行为规范》《德州一中关于加强学生纪律的补充规定》；学习《宪法》和《德州一中关于中学生手机使用的公开信》</td></tr>
<tr><td>第2节</td><td>班主任值班。在教室学唱国歌、校歌，背诵《弟子规》和社会主义核心价值观；制定班级公约；制定班级跑步口号</td></tr>
</table>

续表

时 间	节 次		军训内容
8月24日（星期五）	上午	第1节	学习广播体操
	上午	第2~5节	练习立正、稍息、看齐、报数、喊口号、下蹲、坐下、集合、解散；学习停止间转法；学习齐步与立定，齐步摆臂练习、第一步迈出、立定等分解动作和连贯动作练习。学习跑步与立定摆臂练习、第一步跃出、立定等分解动作
	下午	第1节	安全教育主题班会
		第2节	学唱国歌、校歌、背诵《弟子规》和社会主义核心价值观
		第3节	学习学校下发的《论语》材料
	晚自习	第1节	看《金一南：从苦难到辉煌》视频（视频请各班班主任提前拷贝到本班一体机上）
		第2节	观看礼仪责任教育视频（视频请各班主任提前拷贝到本班一体机上）
8月25日（星期六）	上午	第1节	学习广播体操
	上午	第2~5节	复习跑步与立定摆臂练习、第一步跃出、立定等分解动作；喊口号、转弯练习。练习队列整体变换等会操比赛内容
	下午	第1~3节	第1、2节学唱革命歌曲；第3节学习国歌、校歌，背诵《弟子规》和社会主义核心价值观
	晚自习	第1节	学习校规校纪
		第2节	学唱革命歌曲
8月26日（星期日）	上午	第1节	学习广播体操
	上午	第2~5节	沿跑道进行跑操练习（教师培养两名体委）；学生值周训练；学生心理团体辅导；心理测评
	下午	第1~3节	第1、2节学唱革命歌曲；第3节学习国歌、校歌，背诵《弟子规》和社会主义核心价值观
	晚自习	第1、2节	背诵《论语》《弟子规》
8月27日（星期一）	上午	第1节	学习广播体操
	上午	第2、3节	听《做儒雅一中人》报告（地点：足球场）
	上午	第4、5节	复习所有军训动作，准备彩排演练
	下午		安排一次消防演练；在消防演练结束后复习所有军训动作，准备彩排演练，重点练习集合、解散纪律
	晚自习	第1、2节	背诵《论语》《弟子规》

续表

时间	节次		军训内容
8月28日（星期二）	上午	第1节	学习广播体操
	上午	第2~5节	各班有针对性地进行队列练习，准备下午会操比赛彩排
	下午		军训会操比赛彩排
	晚自习	第1节	学唱革命歌曲
		第2节	学唱国歌、校歌
8月29日（星期三）	上午	第1节	学习广播体操
	上午	第2~5节	根据彩排情况，有针对性地练习队列动作，准备会操和广播体操比赛；准备下午歌咏比赛
	下午	2：30—3：30	歌咏比赛（歌咏比赛内容：国歌、校歌、《弟子规》）
		4：00—5：50	各班体委带队进行有针对性的队列练习，准备第二天会操比赛和广播体操比赛
	晚自习	第1节	安排一次校规校纪考试、宪法考试
		第2节	观看爱国主义影片
8月30日（星期四）	上午	8：30	军训会操、广播体操比赛
	下午		放假
8月31日（星期五）			放假，晚上6：30上晚自习，9月1日正式上课
备注：如遇特殊情况（如大雨天气等），听学校临时通知。			

附2：新生入学学习检测

一、单选题（共20道题，每道题1分，共20分。每道题只有一个选项是正确的，请根据德州一中学生手册中的相关内容，将正确答案填涂在答题卡上）

1.2018年(　　)第十三届全国人大一次会议第三次全体会议经投票表决通过了《中华人民共和国宪法修正案》。

A.3月11日　　B.4月11日　　C.3月10日　　D.4月10日

2.我国是工人阶级领导的，以工农联盟为基础的(　　)的社会主义国家。

A.资产阶级专政　B.封建专制　C.多党派联合执政　D.人民民主专政

3.根据《宪法》的规定，全国人民代表大会和(　　)行使国家立法权。

A.全国人民代表大会常务委员会

B.地方各级人民代表大会

C.中央人民政府

D. 最高人民法院

4. 人民检察院是我国的(　　)。

A. 权力机关　　B. 行政机关　　C. 法律监督机关　　D. 审判机关

5. 下列纠纷可以通过民事诉讼解决的是(　　)。

A. 进城务工的李女士给儿子办理小学入学手续时被告知其户口不在该学区内,也没有城镇就业和居住证明,无法在该小学就读,李女士坚持要求办理入学

B. 读高中的黎同学认为班主任王老师给自己的学期评语写得太差,找到王老师进行理论,双方发生争执

C. 老赵两个月前借给老王三千元钱并约定一个月后还本付息,但至今老王仍未还钱

D. 小涛因没有及时完成课堂练习,放学后被严老师留下来继续练习。小涛认为严老师限制了其人身自由,要求其赔礼道歉,被严老师拒绝

6. 下列哪一项不属于我国宪法的基本原则(　　)。

A. 人民主权原则　　B. 人权保障原则

C. 民主集中制原则　　D. 互利互惠原则

7. 宪法的作用不包括下列哪一项内容(　　)。

A. 保障了我国的改革开放和社会主义现代化建设

B. 促进了我国的社会主义民主建设

C. 促进了我国人权事业和各项社会事业的发展

D. 详细规定了立法、执法、司法以及守法的具体行为模式

8. 我国现行《宪法》的结构顺序是(　　)。

A. 序言、总纲、国家机构、公民的基本权利和义务、国旗、国歌、国徽和首都

B. 序言、总纲、公民的基本权利和义务、国家机构、国旗、国歌、国徽和首都

C. 总纲、序言、公民的基本权利和义务、国家机构、国旗、国歌、国徽和首都

D. 序言、总纲、国旗、国歌、国徽和首都、公民的基本权利和义务、国家机构

9. 我国是一个多民族国家,我国的民族政策是(　　)。

A. 民族区域自治制度　　B. 人民代表大会制度

C. 特别行政区制度　　　　　　　　D. 民族歧视制度

10. 王某勾结外国势力，危害我国主权，涉嫌背叛国家罪，该项罪名属于下列哪一种犯罪(　　)?

A. 侵犯财产罪　　　　　　　　　　B. 贪污贿赂罪

C. 危害国家安全罪　　　　　　　　D. 危害公共卫生罪

11. 根据《手册》中德州一中文明礼仪规范的要求，预备铃铃响，首先要做好的是(　　)。

A. 端正坐好，静候老师上课　　　　B. 进门打报告，经老师允许才能进教室

C. 擦黑板

12. 根据《手册》中服饰礼仪要求，下列图片中不符合着装要求的原因依次是(　　)。

①校服乱涂乱画　②烫发顶发长侧发短　③刘海及眉佩戴饰品

A. ①②③　　　　　　B. ②①③　　　　　　C. ②③①

13. 根据《手册》中德州一中文明礼仪规范的要求，下列不属于言行礼仪的是(　　)。

A. 光线明亮及时关灯　　B. 不打闹不喧哗　　C. 进校门下车，推车入棚

14. 根据《手册》中德州一中文明礼仪规范的要求，升旗仪式礼仪要求不包含(　　)。

A. 不携带无关物品　　　　　　　　B. 右手放胸前

C. 以班级为单位入场，步伐整齐

15. 根据《手册》中一日常规的要求，课间操入场，应(　　)进入操场。

A. 按规定路线跑步　　B. 按班号　　C. 整理队伍齐步走

16. 根据《手册》中一日常规的要求，用餐完毕，应(　　)。

A. 等待服务人员清理餐盘　　　　　B. 将餐盘放到指定位置

C. 打包未吃完的食物

17. 根据《手册》中两操管理细则的几点说明，突发原因导致不能跑操时，应（ ）。

A. 到班级队伍所在位置见习

B. 请假后在班级自习

C. 在操场列队看书

18. 根据《手册》中锅炉房供水收费的相关规定，下列说法错误的是（ ）。

A. 水卡和饭卡通用　　B. 水卡不能打饭　　C. 饭卡可以打水

19. 根据《手册》中安全用电的规定，冬季教室上午开灯时间为（ ）。

A. 九点前　　B. 十点前　　C. 十一点前

20. 根据《手册》中教学楼管理的规定，不在规定范围之内的是（ ）。

A. 每天上午下午两节课间整理教室内外卫生

B. 晚自习下课后值日生打扫教室内外卫生

C. 每周一下午大扫除，彻底清理室内外卫生区，学校检查评比

二、判断题（共30道题，每道题2分，共60分。每道题只有一个选项是正确的，请判断下列表述或描述的想法和行为是否正确，并将正确答案填涂在答题卡上）

1. 进校门时应当在校门外隔离带外下车，推车进校，通过校门后再骑车进入车棚。（ ）

A. 正确　　B. 错误

2. 不管在校园内外，见到自己的任课老师以及其他教职工都要主动打招呼：“老师好。”（ ）

A. 正确　　B. 错误

3. 要保护自己的课桌、凳子、黑板、一体机、室内外墙壁等教学用具、教学环境，不能乱涂乱画、污染损毁。（ ）

A. 正确　　B. 错误

4. 今天我妈妈给我做了好吃的，晚饭时间给我送过来，不用进校门，在门口递进来就行。（ ）

A. 正确　　B. 错误

5. 今天上学要迟到了，幸好我知道一个地方可以爬墙进入校园。我身手敏捷不会受伤。（ ）

A. 正确 B. 错误

6. 今天在吃饭的时候我看见我初中同学了，他在我前面，我嗓门大，喊了一嗓子，不仅他听见了，周围人也都听见了，还都说我会狮吼功！（ ）

A. 正确 B. 错误

7. 同桌今天穿了一条新裤子，膝盖上的窟窿还真夸张，我也要去买一条。（ ）

A. 正确 B. 错误

8. 在超市买的香蕉味道真不错。垃圾桶比较远，我把香蕉皮放在塑料袋里带回教室，扔在垃圾桶里。（ ）

A. 正确 B. 错误

9. 有两个异性同学从初中起就走得很近，高中开学虽然不在一个班，但天天都能看到在一起。（ ）

A. 正确 B. 错误

10. 周日下午的前两节课不上，约了初中同学去网吧放松一下。（ ）

A. 正确 B. 错误

11. 要争分夺秒地学习，升旗仪式上集合时间还是可以带本书学习会儿的。（ ）

A. 正确 B. 错误

12. 每次在餐厅吃饭买两个甚至三个菜，吃不了，有时就扔掉了。（ ）

A. 正确 B. 错误

13. 错时下课去食堂，我们应该排好队有序打饭。（ ）

A. 正确 B. 错误

14. 在升旗仪式上，唱国歌时，声音越洪亮越好，学生会对升旗仪式中的班级进行评价，他们依据的就是唱国歌时是否响亮。（ ）

A. 正确 B. 错误

15. 在今天下楼时，隔壁班的同学撞到我了，连对不起也不说。我得叫两个"好哥儿们"教训教训他。（ ）

A. 正确 B. 错误

16. 放学了，我可是我们班放学速度最快的，我第一个到达车棚，骑上车子第一个出校门。（ ）

A. 正确 B. 错误

17. 晚自习后去操场闲逛。（ ）

A. 正确　　　　　　　　　　B. 错误

18. 给班级打水的同学,水桶一定是抬着或者搬着的,中途不得滚筒。(　　)

A. 正确　　　　　　　　　　B. 错误

19. 班里都有饮用水,每次我都多接点水。但是喝水剩的一点,我不愿喝就倒了。(　　)

A. 正确　　　　　　　　　　B. 错误

20. 住宿生不能到校外吃饭。(　　)

A. 正确　　　　　　　　　　B. 错误

21. 上体育课的时候,按班级站好队,带队到操场。听老师口令,再自由活动。(　　)

A. 正确　　　　　　　　　　B. 错误

22. 在教室内,不得站在座位旁将手里的垃圾扔向教室后头的垃圾桶。(　　)

A. 正确　　　　　　　　　　B. 错误

23. 社团活动只要符合要求,就可以开展活动,张贴海报,不用通过政教处团委审批。(　　)

A. 正确　　　　　　　　　　B. 错误

24. 晚自习只要不影响其他同学,就可以小声讨论。(　　)

A. 正确　　　　　　　　　　B. 错误

25. 班里的多媒体一体机可以在大课间或晚饭时间打开放音乐。(　　)

A. 正确　　　　　　　　　　B. 错误

26. 刚刚入学,分了班后最好的几个朋友和我都不在同一层,下了课他们就会到我们班里来找我。(　　)

A. 正确　　　　　　　　　　B. 错误

27. 放学后,几个同学一起回家。男生抽着烟,女生坐在男生的后车座搂着男生的腰,旁若无人。这种行为有损学校的名声和自己的形象!(　　)

A. 正确　　　　　　　　　　B. 错误

28. 周一至周日进校门必须穿校服。(　　)

A. 正确　　　　　　　　　　B. 错误

29. 不能带饭和饮料进校园。(　　)

A. 正确　　　　　　　　　　B. 错误

30. 垃圾桶要抬到校园西门南侧围栏内,在搬运的过程中如果有垃圾掉在路

上，应及时清理干净。回教室前将垃圾桶刷干净。(　　)

A. 正确　　　　　　　　　　　　　B. 错误

三、不定项选题(共10道题，每道题2分，共20分。每道题有一个或多个选项是正确的，请根据德州一中《学生手册》的相关内容，将正确答案填涂在答题卡上)

1. 根据“手册”中学生日常行为规范的要求，下列属于严于律己遵守公德的是(　　)。

A. 遵守交通法规

B. 爱护公共设施

C. 不浏览、不制作、不传播网络不良信息

D. 见义勇为，敢于斗争

2. 根据“手册”中一日常规的要求，在自习课上，(　　)行为不被允许。

A. 擅自离开教室

B. 交流问题

C. 交作业

D. 向任课老师求教先举手

3. 根据“手册”中的社会实践制度，创设社会实践活动课的目的是培养学生的(　　)意识。

A. 合作　　　B. 责任　　　C. 创新　　　D. 管理

4. 根据“手册”中德州一中学籍管理制度，有下列情形的可以办理休学。(　　)

A. 因伤病长期治疗不能坚持学习

B. 患有传染性疾病未愈，不适宜集体生活

C. 在一个学期内因请假超过六周而造成学习上有困难

D. 因厌学要尝试社会生活或勤工俭学

5. 根据“手册”中教学楼管理的规定，清扫教室内外卫生包括(　　)。

A. 拖擦地板　　　　　　　　B. 擦拭玻璃走廊

C. 擦拭楼梯　　　　　　　　D. 擦拭扶手

6. 根据中“手册”教学楼管理的规定，室内卫生要求做到(　　)。

A. 门窗干净，窗槽无土　　　　B. 讲台清洁，无未缴作业

C. 地面无纸屑、痰渍、黑胶　　D. 四面墙壁清洁，无污渍

7. 根据“手册”中教学楼管理的规定，纪律秩序管理要做到(　　)。

A. 不大声喧哗、追逐、跑跳　　B. 不带乒乓球、羽毛球类器材进教室

C. 上下楼梯右行礼让　　D. 晚自习偶遇停电，安静等待统一离校

8. 根据"手册"中计算机教室守则，纪律秩序管理要做到(　　)。

A. 上课前 3 分钟进入教室　　B. 上课前排队前往

C. 学生定人定机不能随意调换　　D. 保持机房整洁(进入教室带好鞋套)

9. 根据"手册"中图书借阅的规定，下列叙述正确的是(　　)。

A. 一般书籍借阅期限为半年

B. 校外人员借书需经班主任同意

C. 每个学期一次图书清理，寒暑假前要送还图书

D. 图书丢失按定价 2 倍赔偿

10. 根据"手册"中仪容的规定，下列叙述正确的是(　　)。

A. 可以自己改校服，缩裤褪

B. 周末不可以穿自己的衣服

C. 女生不能留披肩发，不能烫染

D. 不允许男生长发

答案：

一、单选

1-5.ADACC　　6-10.DDBAC

11-15.ACABA　　16-20.BCAAB

二、判断

1-5.BAABB　　6-10.BBABB　　11-15.BBAAB

16-20.BBABA　　21-25.AABBB　　26-30.BAAAA

三、多选

1.ABCD　　2.ABC　　3.ABC　　4.ABC　　5.ABCD

6.ACD　　7.ACD　　8.BCD　　9.ACD　　10.CD

第四章 主题班会使“礼仪·责任”之花在学生心中热情绽放

班主任是班级工作的组织者、班集体建设的指导者、学生健康成长的引领者；是学生思想道德教育的骨干、家长和社区沟通的桥梁、实施素质教育的重要力量。班主任的工作是学校教育中极其重要的育人工作，它既是一门科学、也是一门艺术。班主任的工作至关重要，这是毋庸置疑的教育理念。

班主任的一个重要的工作平台就是班会，每周一节的班会课，师生互动交流，总能把隔阂隐患消除在无形中；每周一篇的励志文章，与班会课相辅相成，成为指引同学们远航的灯塔。专家们的报告、讲座，激发了学生奋发向上的激情，陶冶了学生们的情操。正是这些新颖多样的教育方式，催生了我们主题班会系列化的构想。这也是我们学校每月进行主题班会设计大赛的目的。主题班会的系列化形成一套可持续性的、有预设性的、纵贯高中三年的班主任教育管理体系。

一、主题班会大赛

高中三年是学生身心发展的重要时期，也是学生情感价值观形成的重要阶段。主题班会的系列化旨在多渠道、全方位地培养学生，引导学生健康成长。

主题班会大赛，以礼仪、责任德育核心价值观的培养为中心，力求涵盖学生情感价值观的各个方面，诸如爱祖国、爱集体，尊师长、亲朋友，讲文明、守法纪，培养安全意识，尊重热爱生命，身心健康，竞争进取，团结合作，艺术审美，时尚潮流等等。古人云：“蓬生麻中，不扶而直；白沙在涅，与之俱黑。”孟母三迁即证明了环境在孩子成长过程中的重要作用。主题班会系列化就是希望通过系列化的主题班会形式，加强班级文化建设，引导学生积极、乐观、向上，严以修身，胸怀天下，进而营造一种努力进取的班级氛围，为学生的健康成长创设良好的班级环境。

主题班会系列设计大赛，进一步推动了校园文化的健康发展。班级文化是校园文化的有机组成部分，班级文化的健康发展也推动了校园文化的健康发展。

附 1：

主题班会课评比评分表

时间	年　　月　　日	年级班级	201　级　班
班主任			
课　题			
项　目	评　分　细　则		得分
教育目标 （15 分）	教育主题鲜明、恰当、有针对性，符合班级、学校实际情况		
内容安排 （25 分）	班会设计紧扣主题、布局合理，有创新和特色		
	有必要的准备，能充分挖掘和利用社会、家庭、学校、班级的德育资源，创设一定的教育情境		
	教育内容有时代性、科学性、针对性、层次性，着力于本班、学校实际情况，围绕主题切实解决班级存在的某些具体而又较普遍的问题		
主体意识 （20 分）	充分体现学生的主体作用，学生的自我教育、自我管理、自我约束、自我服务意识强		
	学生主动参与，表达能力强，气氛较好		
教育方法 （25 分）	符合学生实际，灵活多样，能合理运用一定的教育教学辅助设施进行有效教育		
	形式新颖、编排合理、主题突出、分析透彻，效果较好		
教育效果 （15 分）	学生积极参与，气氛热烈，班会能深入学生内心，达到活动目的，富有教育实效		
总　分			

注：总分值为 100 分，以 1 分为最小给分单位。

评分人：______

附 2：

主题班会教案——礼仪责任伴我行

2017 级 16 班主题班会

一、活动目标

针对本班部分同学对礼仪认识不深刻，责任意识不够强，对一中的校规校纪学习不够深刻的问题，为加强学校育人理念，我们班组织了一次有针对性的主题班会。

①引导同学们正确认识礼仪责任。

②通过训练逐步消除学生的自卑心理，懂得礼仪责任的重要性。

③指导学生学习培养自信心的方法。通过活动让同学们更富有责任感，遵守礼仪，遵守校规校纪，做文明儒雅一中人。

二、活动准备

部分同学先改编歌曲《成都》并学会演唱；准备好话剧表演；三句半；诗词朗诵；演讲等活动。

三、活动过程

（一）

事先由同学们自己拍摄关于不文明不负责任的视频MV。

（二）

（合）：让我们用热爱的掌声欢迎来到我们班参加本次主题班会的全体老师。

男：尊敬的老师们，

女：亲爱的同学们，

（合）：大家好！

（播放MV片段）

主持人女：大家在看MV的过程中，应该都看见了里面有一些生活中常见的现象，这是些什么现象呢？

同学们：不文明不礼貌……

主持人女：对，而我们今天的班会主题就是礼仪与责任。

主持人男：首先我们要知道的是，在我们学习生活的校园中有哪些礼仪与责任呢？（同学们齐读有关礼仪责任的文字）

主持人男：仅仅是文字，无法让大家更好地理解礼仪与责任，接下来我们一起来听一首由同学们改编的歌曲《一中》。

演唱者：王天然、李世豪、魏靖轩、肖成远

歌词：《一中》

让我掉下眼泪的
汽车又堵住出口
让我依依不舍的

文明古国的悠久
余路还要走多久
礼仪在我们肩头
让我感到为难的
冲动又冲昏了头
落叶总是在九月
值周同学总犯愁
亲吻着我额头
在一中美丽的校园里
垃圾不会落地
礼仪在我们的心底
和我在育人的一中走一走
责任不会被我们给抛在了脑后
一中让我们优秀
我们成长是在德州
为了明天的追求
责任礼仪从自己着手

主持人男:相信通过同学们演唱的歌曲大家已经知道什么是礼仪与责任了吧,作为一中人,我们应该维护校园的美好。那么接下来请大家看一些生活中的小片段和一些图片,并思考两个问题:看到这些行为你想到了什么?我们应该怎样对待这些问题?

(片段并接 PPT 不文明图片)

全班同学分成小组讨论,并选出代表发表自己的观点。

(讨论结束回答问题)

主持人女:这几位同学回答得非常精彩,对这个问题都有自己独特的见解,下面有请四位同学用欢快活泼又富有节奏感的三句半来告诉大家到底该怎样对待这些问题。

《三句半》

表演者:李心雨,石蕴,图里古尔,张天宇

今天学校热闹显,我们四人走上台,敲锣打鼓来表演,三句半

金秋时节百香来,文明之花校园开,文明礼仪展风采,展风采

文明礼仪伴我行,守则规范记在心,你行我行大家行,人人行
衣着打扮重仪表,言谈举止很重要,讲话客气有礼貌,素质好
诚实守信心似金,感恩师长讲孝心,助人为乐好精神,有人称
友爱同学好作风,人人都是活雷锋,互帮互助树新风,树新风
彬彬有礼礼当先,温和文雅把头点,脏话粗鲁不沾边,样子甜
见面互相笑脸迎,和谐相处团结紧,吵架打闹无踪影,很亲近
楼道走廊不追跑,集会排队秩序好,上下楼梯往右靠,记得牢
天天来把卫生搞,弯腰捡屑举手劳,校园保洁习惯好,做得到
学习用品摆放好,铃响上课不迟到,合作探究勤思考,效率高
刻苦钻研勤学习,课堂常规牢牢记,完成作业再去嬉,比一比
遵规守纪文明生,品行兼优好学生,个个都是优等生,一齐争
微笑铺设责任路,真心搭建礼仪桥,校园风气清香溢,贡心意

主持人男:我们中华民族素有“文明之邦”的美称,它有着五千年的悠久历史,它不但创造了灿烂的文化,而且也形成了古老民族的传统美德,下面请听诗朗诵《礼仪责任伴我行》。

朗诵者:王天然,张雅雯,李秋悦,窦松岳

主持人男:文明礼仪伴我行,中华美德放光芒;礼仪责任伴我行,中华美德放光芒!是啊,礼仪责任早已与中华美德紧紧捆绑在一起,它不仅是我们每个人的行为准则,更传承了五千年的民族精神!接下来有请孙明沭同学上台演讲,讲述他对礼仪与责任的看法。

(演讲者:孙明沭)

演讲结束,请大家举起右拳跟我宣誓。

我们以青春的名义宣誓:

不违礼仪之严则;

不弃责任之重托;

不负旁人之厚望。

我将以严谨的态度树礼之行风,

我将以激昂的斗志谱责之华章!

主持人(合):本次班会到此结束,谢谢大家!(读PPT上的结尾语)

通过这次礼仪责任主题班会,我们认识到了作为一名当代高中生,我们有责任、有义务弘扬文明礼仪传统。我们应该在对文明礼仪的学习中不停地进步,将

文明礼仪贯穿在今后的学习生活中，时时刻刻提醒自己，以更加昂扬的精神风貌来弘扬中华民族的传统美德，践行文明礼仪规范，做一个高素质的文明高中生。

（三）彩蛋

MV 中的主人公走进现场，为视频中播放的不文明行为深刻道歉，并以歌曲形式深情演唱。

歌词：

没看见

垃圾在地上没看见

捡起的动作被省略

你又不是个演员

别假装演看不见

有意见

礼仪责任我有意见

见到老师你要问好

对待同学要礼貌

这一定要做到

（四）拍摄花絮

三、活动总结

本次班会同学们受益匪浅，深刻认识到礼仪的重要性，谨记要传承中华优良传统美德，并肩负起自己在各种身份下的责任，对礼仪有了透彻的理解，为未来积极的学习生活做足了准备，争做儒雅一中人。

我们的勋章

——信念与责任成就梦想

德州一中 2015 级　班主任　宋静

【班会背景】

班级中同学们语文、英语和物理三科的基础成绩较差。又因为语文、英语两个学科是需要长期积累的学科，短期内的“急训”不见效果，学生容易失去坚持下去的毅力。班内开展“物理十分钟”活动，每天放学前讲物理题，但仍有很多学生反映物理听不懂、学不会，认为自己不是学习的材料，有点自暴自弃。面对即将到来的期中考试，学生心态更加起伏不定。恰逢政教处开展班会大赛，又遇到“坚持成就梦想”这个及其贴切的主题，我们迫切需要一场鼓舞士气、坚定信念、教育深刻的班会。

本节班会以同学们熟悉的鹿晗演唱的《勋章》这首歌为线索，像歌中所唱：“可我会像奥德休斯一样，朝着心中的方向，哪怕众神会在彼岸阻挡。当我需要独自站在远方的战场，武器就是我紧握的梦想，而我受过的伤，都是我的勋章……生命只能向前，坚定信念的人都是英雄”将歌曲中追求梦想的道路中不畏艰难险阻的昂扬斗志，传达到每一位同学心中。

【班会过程】

【开场白】朗诵：男女主持同学朗诵《勋章》这首歌的内容

女：故事开始在最初的那个梦中，满天星光只因我而闪烁。

男：我看到平凡的我，也会有一刻不普通。

女：前方是未知，

男：迎面是海风，

女：塞壬的歌会诱人忘记初衷。

男:他们说每一个风浪都能够淹没我。

女:可我会像奥德休斯一样,朝着心中的方向,哪怕众神会在彼岸阻挡。

男:当我需要独自站在远方的沙场,武器就是我紧握的梦想。

合:而我受过的伤,都是我的勋章。

【环节一】播放儿时视频

视频中展示每个同学童年的照片和获得的很多奖状、奖章。其中让大家意外的是,一名成绩普通的同学,她小时候获得的奖状挂满了一整面墙。更有同学童年展示才艺、参加演出的照片,同学们都曾经拥有那么精彩的童年。

“你还记得童年的梦吗?”

女:梦想是什么?梦想是我们心底最真实的渴望,是我们克服一切困难的动力源泉。我们每个人都有梦想,或大或小,你还记得儿时最初的梦想吗?

女:那么现在,你的梦想发生变化了吗?

同学发言,讲述儿时梦想,回忆美好童年,增强自信心。

【环节二】我们的成功与失败

男:儿时的梦想总是天真的、稚嫩的。随着我们慢慢长大,梦想变得更加切合实际。比如现在,我们想把每一天中的每一件事都做到最好,每一场考试都考好,每一场比赛都打赢。

女:比如,每一天,我们都会准时到校,开学以来几乎没有同学迟到。我们认真打扫卫生,大扫除都是满分,日常卫生也从没有扣分。自习纪律良好,受到家长、老师的一致好评。我们为之骄傲!

男:当然,我们还有其他的成功。

(PPT 展示运动会照片。)这是我们一起参加的第一次也是唯一一次运动会。40 几个人的班级中没有体育健将,参加运动会的男同学、女同学看起来都很单薄,尤其是女生。就是这些单薄的,看起来弱弱的女生,团结一心,拼尽全力,冲出小组赛,杀进决赛,并在 4×100 的接力赛中获得了第四名的好成绩。

女:于你是天赋的展示,于我则是拼尽全力。我们绝不服输!

男:当然,我们也有更多的失败。

(PPT 展示篮球比赛输了时的照片。)重组班级后的第一次篮球赛,第一场我们就输了。

(PPT 展示跑操比赛高三组第七名。)前六名进入跑操比赛决赛,我们与决赛擦肩而过。

男:大家如何看待我们的输赢?我们为什么会赢?我们又输在哪里?输了的能不能赢?怎样才能赢?同学们讨论5分钟后展示讨论结果。

篮球赛不仅仅是团结一心的比赛,更是一个长久锻炼才能出成绩的比赛,不放弃篮球,想要赢,就要做好长期打算,坚持不断去练习。

跑操证明我们有进入决赛的实力,需要寻找问题、解决问题,马上到来的月度跑操比赛又可以再次努力去实现目标。

我们现在能做的就是做好准备,不断积累,一直坚持。

男:(板书):短期→小目标　　长期→大目标

【环节三】解决学习中的困难

画出历次成绩曲线,为自己制定短期目标:期中考试的目标;为自己制定长期目标:高考的理想。

女:输赢总是相对的,没有人能够一直赢。有时我们做出了努力便能成功,但也有时我们拼尽全力也达不到我们想要的结果,比如学习。相信大家都有自己的问题和困难,也有自己独特的解决方法,那么现在我们不妨共同来讨论、解决一下。那么现在,请同学们讨论学习中的问题及解决方法。开始讨论5分钟。(学生讨论5分钟。)

男:问题提问、解答。

男:问题解决了,我们也给自己定一个短期的小目标。

请大家根据拿到的历次成绩单,完成总名次的折线图,根据折线图,确定自己期中考试的小目标。(学生完成成就折线图。)

女:相比结果,过程更重要。我们不妨去享受追求梦想的过程,其中全力以赴、挑战自己的过程倍加充实。到最后,无论结局如何,我们都不忘初心,与曾经满腔热血的我们没有什么不同。接下来,请刘鑫雨、梁洪炎同学为大家带来歌曲《没什么不同》。

男:没什么不同,期中考试和高考也没什么不同,每一次小目标的实现就是我们高考大目标的成功。

【环节四】写一封信给自己——给过去和未来

同学们阅读写给自己的信中的精彩语句。有安慰、激励,更有坚持。(展示视频:三位家长读给孩子的信。)

女:对于高三为梦想而坚持努力的我们,父母会想说些什么呢?(展示视频。)

男:我们的父母都不畏惧尝试,不畏惧一次又一次的失败,年轻的我们,又畏惧什么？

女：生命只能向前，坚定信念的人都是英雄。

男：我会像奥德修斯一样，朝着心中的方向。

女：我受过的伤，都是我的成长，

男：我受过的伤，都是我的勋章。

张广仪、武芮丞演唱歌曲《勋章》。

尾声：同学们齐声合唱。

让我们一起宣誓：心所愿，力必至，无所畏惧……

课后将“心所愿 力必至 无所畏惧”的红色条幅悬挂在教室后面的黑板上。

礼仪责任伴我成长

——“礼仪责任，砺身立德”主题班会方案设计

德州一中 2016 级 25 班　宋涛

【设计背景】

公民的礼仪和责任教育是德育的一个重要组成部分，为公民责任教育提供了具体目标。同时礼仪责任教育既是社会发展的必然要求，也是学校道德教育的一

个重要目标,对高中生进行礼仪责任教育已成为我国社会转型的必然要求。

高二学生的人生观、价值观尚未成熟。在学习与生活中容易受到学习压力、青春期心理、社会庸俗价值观的影响,在人生与梦想的选择上易出现偏颇。因此,及时地开展有关礼仪责任的班会课,显得尤为重要。

【设计目标】

①了解高中生的所必备的礼仪和责任要求;

②学生通过节目的形式,集体讨论并反省,明白文明礼仪、责任与担当的含义;

③班主任及时总结陈述,树立同学们正确的文明礼仪荣誉感和责任感。

【设计方式】

多媒体、合作交流、小组讨论、活动形式(诗词朗诵、小品、微型话剧等)。

【实施年级】

高二年级 25 班

【准备过程】

以小组为单位,准备各类素材,例如 PPT,励志视频,并提前进行节目彩排。

【实施过程】

(一)情景导入

伴随着背景音乐,两位主持人致开幕词。

主持人(女):责任心是金。俗话说:“是金子总会发光的!”一个人有了责任心,他的生命就会闪光。

主持人(男):责任心是美。当代人都追求美,追求外表的华丽、漂亮,却忘掉了心灵美,其实心灵美才是真正的美。

主持人(女):一个人有了责任心,就拥有了至高无上的灵魂。

主持人(男):一个人有了责任心,在别人心中就如同一座有高度的山,不可逾越,不可移动。

主持人(合):一个人有了责任心,世界才更精彩、更迷人!

节目一:小组朗诵《心容诸子,坚守责任》

我睡去,感觉生命之美丽;我醒来,感觉生命之责任。

——题记

人创造了社会，所以社会是什么样的取决于人。有人说这个社会需要相互间的关爱，有人说是信任支撑这个时代，但我觉得将视角缩小到个人，我们便会发现个人的责任之于时代犹如灵魂之于人类，不可或缺。坚守责任，让生命变得厚重。

20世纪初，美国的弗兰克开办了一家银行，却不幸遭到抢劫导致破产，但他决定带着妻子和女儿偿还那笔天文数字的债务。我想义务是一个无形的圆，圆之外的伟大便是责任结出的果实。弗兰克的决定出于他强烈的责任心，虽然法律并不要求他偿还，但他认为在道德上应该给储户们一个交代。从弗兰克的身上，我们看到的是良知、责任和伟大。

抚今追昔，无论是历史故人，还是当今社会的普通人，他们之中总有一些人在无声地坚守着责任。北宋文学家范仲淹在《岳阳楼记》中表达了“先天下之忧而忧，后天下之乐而乐”的报国志向，他将民族利益与国家命运放在首位；莫泊桑笔下的马蒂尔德为了偿还丢失的珍珠项链，节衣缩食辛苦工作整整十年，买了新的项链还给朋友；大连公交车司机黄志全在驾驶途中突发心脏病，生命的最后一分钟将发动机熄火，拉上手刹，确保车辆和乘客的安全，从那以后每个大连人都记住了他的名字。责任是一份信念，是一种气魄，更是一种品质。责任来自心灵的抉择，在得失、利弊、荣辱等一切人生的天平面前我们会倾向哪边？是选择坚守抑或放弃？

我们无法想象一个人人丧失责任感的社会，那将如万物脱离秩序而黑暗无边的夜。如果车洪才老人无法坚持完成国家交与的编写《阿富汗语词典》的任务，那这本用时三十年编撰完成的词典何日才能问世呢？“国家忘了我，我没忘国家的任务。”车老拥有令人肃然起敬的执着。为坚守责任，车老投注了常人无法想象的心血和精力，在三十余年坚持的背后，是老人炽热坚毅的心，怀抱国家，怀抱浩然。

为他人考虑，为社会尽责，为国家奋斗，这使我们每个人的肩上担负着许多责任。然而，责任并不是亲切可爱的字眼，选择承载它往往需要付出，需要勇气，也需要坚持。

我们无数次被生命询问，而不能用自己的生命回答，只能以自己的心去回答。生命不是万古不朽的树木，不是奔腾不息的急流，而是心容诸子的海洋，安静而勇敢地坚守责任。

主持人解读：通过一个大家都耳熟能详且真切发生的故事，让大家更加明白作为一名高中生，或者说作为一名国家的公民身上所背负的责任与担当。之后再次谈谈作为一名高中生的责任和担当是什么，主要目的是通过前后的对比，学生能够更加深刻的理解和体会责任与担当的重要性与必要性。

节目二:相声《这事儿不赖我》

(节选)

A:导致我后来学习成绩一直就上不去。

B:唉,不不不不不,您等会儿,学习成绩不好跟这没关系,是因为您没好好学习。

A:我跟你说,学习成绩不好这事,不赖我!

B:不赖我!

A:唉,你也会了。

B:废话。

A:我跟你说就是不赖我。

B:怎么不赖你了?

A:赖我们那老师!

B:老师怎么了?

A:老师不好好教。

B:哟。

A:尤其是我们那生物老师。

B:啊?

A:太可气了!

B:您讲讲。

A:考试不好好考,她弄了一鸟,让我们答,什么栖息地,什么品种,叫什么名字不完了吗,不行,她得加大难度,她弄一布袋,把这鸟套上,把鸟腿露出来,猜这什么鸟,那不废话吗,我把裤腿卷起来你知道我是谁啊?

B:嗨!

主持人解读：两位同学成功地塑造了一位“迟到怪家长，落后怪环境，一有事情就把责任推给他人，从不在自己身上找缺点”的反面典型，这种抱怨别人、抱怨社会、逃避责任的心理千万不要有，希望大家引以为戒！

节目三：歌曲《责任》

节目四：三句半《道礼仪，说责任》

（节选）自己事情自己做，
不言放弃显自尊。
相信自己肯定行，
自信心。

同学有难我来帮，
答应别人应做到。
诚实守信讲信用，
有诚心。

有错敢于就承认，
承担责任来改正。
下不为例最重要，
有决心。

生命安全是第一，
活动游戏应注意。
电脑电视不沉迷，
有分寸。

自尊心、自信心，
进取心、同情心，
恒心、孝心和关心，
（合：它们都是）责任心。

自尊自爱重仪表！

诚实守信讲礼貌！
遵规守纪勤学习！
很重要！

尊敬国旗要肃立！
高唱国歌要整齐！
校训呼号要响亮！
敬礼！

穿戴干净又整齐！
拉链纽扣要系好！
胸卡校徽天天戴！
我记牢！

天天来把卫生搞！
贵在保持习惯好！
遇到废纸不放过！
重环保！

同学之间要尊重！
互帮互助树新风！
不打架来不骂人！
讲文明！

预备铃响进教室！
课本文具摆放好！
不吵不闹坐端正！
真安静！

主持人解读:礼仪责任是一种严格自律,也是一种社会他律,是一切追求文明和进步的人们基于自己的良知、信念、觉悟,自觉自愿地履行责任的一种行为与担当,是为家庭、为国家、为社会、为他人做出自己的奉献。

节目五:话剧《责任在路上》

讲述的是老人倒地,行人扶不扶的故事。

(节选)

A:哎哎哎哎……你们俩掰扯个什么劲啊……

(转向任州阳,语速放缓)这位同志啊,这件事你处理地不对,看见老人家倒了,你就扶一把嘛。不用管他是不是故意讹人,人在做天在看,天底下咱自有公理。(面有得意之色)

B:这位大姐说得挺在理,咱这个社会啊,是个文明、积极向上的社会,每个老百姓都得有点社会责任感。你看你,如此社会(任州阳扭头:切)如果你把人扶起来了,就体现出了你的社会责任感,我墙都不服就服你。(头头是道)

C: 9494,咱不差那点钱,重要的是心中的那份责任感,把人扶起来,给点钱就行了……

主持人解读:责任是一粒最有生命力的种子,只要在心里播下这粒种子,它就会在我们的精神世界里生根、开花、结果,那么我们的社会就会更美好!

班主任最后总结班会。

梁启超曾说过:今日之责任,不在他人,而全在我少年。

生命需要责任,生命需要礼仪,就如生命不能没有阳光一样。没有礼仪责任,花是枯的,没有责任,天空是灰的,没有礼仪责任,世界是黑白的。生命对礼仪责任的依赖,就犹如鱼与水一样。强烈的责任和道德意识,文明优雅的举止言行,真诚、积极的人生态度,是我们中华民族生生不息的民族魂。让你我共同用礼仪责任撑起一方晴空!

【活动效果】

通过本次活动的开展,学生意识到作为一名高中生应当真正理解文明礼仪的重要性,担负起自己的责任与担当,树立正确的人生观和世界观,做一名合格优秀的高中生。

二、主题班会系列化

主题班会系列化,前瞻性强,预期目标明确,避免了培养学生的盲目性、随意性。有利于分阶段、有步骤地提高学生认识,提升学生品位,进而促使班级形成积极健康的精神风貌。

“主题班会系列化研究”着眼于班会的“系列化”,拓宽了教育的时间和空间,有利于学生在磨炼中成长,在挫折中成长,在学习中成长,在比较审视中成长。这种用更长远、更全面的眼光看待学生的理念,避免了教育教学中的急躁情绪,让教师有更多的耐心和恒心来对待学生,并且对学生抱有更多的期待,更大的期盼,切合学生身心发展的需要。

高一年级围绕“文明礼仪”，高二年级围绕“责任”，高三年级围绕“信念成就梦想”召开主题班会。

学校为班主任提供了两个主题班会自助套餐。自助套餐一安排如下。

9月份：高一年级为《文明礼仪伴我行》《尊敬师长，学会感恩》；高二年级为《走进高二》《尊敬师长，学会感恩》；高三年级为《如何适应高三的学习》《二十年后的我》。

10月份：高一年级为《没有规矩，不成方圆》《融入集体，学会交往》；高二年级为《胸怀祖国，放眼世界》《自我规划增强学习责任感》；高三年级为《感受大学，走向高考——全国重点大学介绍》《我的大学不是梦》。

11月：高一年级为《好习惯成就美好人生》《用汗水浇灌成功的花朵》；高二年级为《写方方正正中国字，做堂堂正正中国人》《花开应有时（预防早恋）》；高三年级为《每天进步一点点》《坚持不懈，一切皆有可能》。

12月：高一年级为《平安你我他》《如何做一个阳光男孩、优雅女生》；高二年级为《逆风飞扬，直面挫折》《珍爱生命，健康成长》；高三年级为《考后分析，努力改进》《静心苦读，水到渠成》。

1月：高一年级为《期末考前动员》；高二年级为《为期末考试而战》；高三年级为《答题规范与答题技巧》。

2月：高一年级为《新的起点，请放飞你青春的激情》；高二年级为《舞动青春，绽放梦想》；高三年级为《母校情深——我拿什么来献给你》。

3月：高一年级为《向不文明行为说不》《日行一善，以德律人》；高二年级为《让青春与责任同行》《抵制诱惑，追求真善美》；高三年级为《信念成就梦想》《面对考试我有正确的心态》。

4月：高一年级为《缅怀烈士争做生活主人》《青春期心理健康教育》；高二年级为《让愤怒从心头静静走开》《让青春承担责任，让责任引领人生》；高三年级为《挖掘自身潜力，努力提高成绩》《磨剑励志，享受拼搏》。

5月：高一年级为《唤起寸草心，为报三春晖》《换位思考，律己宽人》；高二年级为《18岁，让我们带着理想上路》《爸爸妈妈我想对您说》；高三年级为《缓解压力，释放心情》《回归基础，查漏补缺》。

6月：高一年级为《安全伴我在校园，我把安全带回家》《将学习进行到底》；高二年级为《珍爱生命，健康成长》《期末争雄，舍我其谁》；高三年级为《心平气和，心无旁骛——走进考场》。

高三上学期主题班会设计

时间	主题	话题	班会标题	备注
8 月	启航	理想目标	给自己设一个小目标	
		走进高三	高三，从这里启航	
9 月	实干	实干	撸起袖子加油干	
		教师节	教师，我们成长中的引路人	
		心理辅导	战胜拖延	
		班级个性化主题		
10 月	韧性	国庆节	有国才有家，国强民富	
		挫折	打不死的“小强”	
		品格	我用考试锻炼自己	
		班级个性化主题		
11 月	沉潜	享受孤独	孤独是思考的开始	
		期中考试	总结期中考试，反思成长	
		激发潜能	相信自己的无限潜能	
		班级个性化主题		
12 月	成长	成长、责任	成长、责任	
		感恩	人生的大树	
		班级个性化主题		
		班级个性化主题		
1 月	憧憬	元旦	为自己喝彩	
		期末考试	备战期末	

高三下学期主题班会设计

时间	主题	话题	班会标题	备注
2 月	扬帆	梦想规划	将吹过的牛皮践行到底	
		百日冲刺	100 天，流星般的灿烂	
3 月	亮剑	心理辅导	挑战极限我能行	
		学法指导	备战二轮复习我有方法	
		一模考试	学做善败者	
		团结奋斗	我们在一起	

续表

时间	主题	话题	班会标题	备注
4月	心态	调整	好心态决定好状态	
		考试辅导	高考，我要超常发挥	
		幸福快乐	幸福从心开始	
		愚人节	愚公移山的精神照我前行	
5月	坚持	常规管理	做好常规待成功	
		心态	我幽默我快乐	
		高考	揭开高考真面目	
		母亲节	孩子这样孝，母亲这样爱	
6月	绽放	高考动员	勇敢	
		毕业纪念	一起走过的日子	
		考后指导	让大学过得更精彩	
		……	……	

高二上学期主题班会设计

时间	主题	话题	班会标题	备注
8月	命运	高考	假如没有高考	
		新学期	新起点，新目标	
9月	规划	生涯教育	做一名专业的学生	
		教师节	教师，我们成长中的引路人	
		心理辅导	战胜拖延	
		班级个性化主题		
10月	新时代	国庆节	有国才有家，国强民富	
		英雄人物	我给英雄点个赞	
		偶像	我真实的偶像	
		价值观	小人物与大时代	
11月	修养	心理辅导	同理心	
		修养	君子慎独	
		激发潜能	相信自己的无限潜能（总结期中考试）	
		感恩	常怀感恩的心	

续表

时间	主题	话题	班会标题	备注
12月	成长	成长、责任	成长、责任	
		感恩	人生的大树	
		勤奋	期末复习话勤奋	
		圣诞节	伟人毛泽东	
1月	憧憬	元旦	为自己喝彩，奋斗 2020	
		期末考试	备战期末	

高二下学期主题班会设计

时间	主题	话题	班会标题	备注
2月	开学	开学	开学第一课	
		个性化班会		
3月	生长	高三	高三早知道	
		集体生日	一起奋斗的日子最美	
		两会	我身边的两会	
		个性化班会		
4月	情商	挫折教育	悦纳自己，直面挫折	
		自信	自信，让你的生活鸟语花香	
		沟通	有话好好说	
		朗读者	释放青春正能量	
5月	职业	人生规划	认清自我，规划人生	
		认识自己	做最好的自己	
		职业规划	多彩的职业	
		个性化班会		
6月	跨越	学习的意义	我为什么要学习	
		大学的意义	为什么要上大学	
		志愿填报	模拟高考志愿填报	
		人生选择	选择	
7月	暑假	大学梦想	距离梦想大学有多远	

高一上学期主题班会设计

时间	主题	话题	班会标题	备注
8 月	接轨	新班成立	相亲相爱一家人	
		军训总结	军训铸魂	
9 月	融合	高中习惯养成	高中生活如何起航	
		教师节	谢谢你,老师	
		规则意识	践行守则,我能行	
		班级个性化主题		
10 月	家国	国庆节	我爱我的祖国	
		纪律	纪律是我们立班的基石	
		班徽班歌	我们是一个伟大的团队	
		家风	我的家风我的魂	
11 月	调整	高一学法	成功一定有好方法	
		人际关系	包容、欣赏、合作	
		挫折教育	快乐前行	
		感恩	我的父母	
12 月	高效	时间管理	时间都去哪了	
		专注认真	警惕！假学习	
		迎元旦	一年又一年!	
		全国法制宣传日	法伴青春	
1 月	冲刺	元旦	期终动员	
		考前指导	期终考试学法指导	

高一下学期主题班会设计

时间	主题	话题	班会标题	备注
2 月	展望	班级个人学期规划	一年之计在于春	
		个性化班会		
3 月	最美	学雷锋	我身边的美	
		审美	青春飞扬、拼搏自强	
		创造美	让他人因为我的存在而幸福	
		个性化班会		

续表

时间	主题	话题	班会标题	备注
4月	青春	男生教育	顶天立地男子汉	
		女生教育	知性、优雅	
		个性化班会		
		男女生	花开美丽莫折枝	
5月	关爱	劳动节	学霸评选颁奖典礼	
		母亲节	妈妈不再年轻	
		安全	长大不容易	
		个性化班会		
6月	梦想	感悟高考	高考离你并不远	
		理想教育	为梦想而战	
		世界环境日	我们只有一个地球	
		父亲节	世上不只妈妈好	
7月	厚度	暑假规划	暑假的长度与厚度	

第五章　学生德育成长记录，让“礼仪·责任”陪伴成长的旅程

一、德育成长记录的管理和使用方法

《班级日志》和《学生德育成长记录》是学生成长过程中无声的道德警察，呵护着学生健康成长。它对学生从早晨到晚自习放学的每一项活动，包括课堂及自习表现、课间活动、作业完成、纪律遵守、仪容仪表等均有要求；每一个学生都有自己的《学生德育成长记录》，有非常强的针对性，有利于班主任具体了解学生个人的日常表现；在与学生及家长的交流中有了具体的内容，有利于增强师生交流和家校沟通的指向性。班主任能够结合《学生德育成长记录》过程性地了解学生，进而分析、指导学生的个人发展、修正学生存在的问题时也就更加有方向性；同时，班主任也能依据《班级日志》对班级整体情况、班级阶段性发展、班级管理中存在的问题做整体性了解，适当调整自己的班级管理方向、管理策略及管理重点，从而促进班级健康发展。

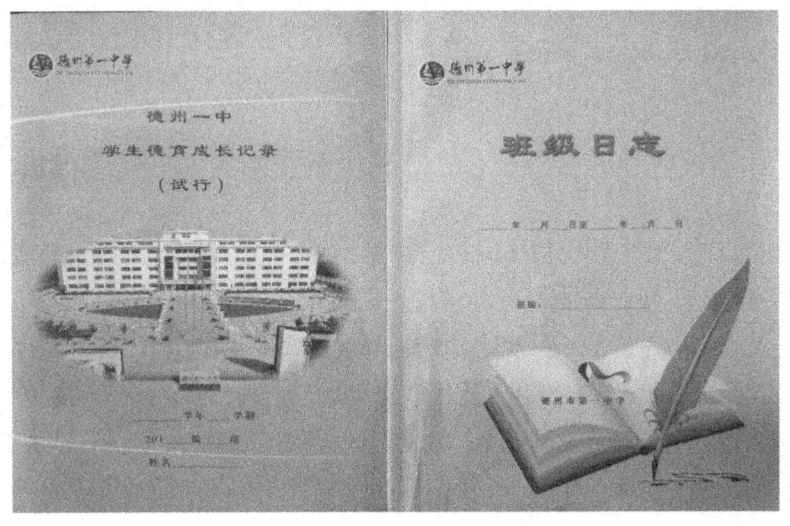

每天由一名轮值班委负责督促当天的考勤、课堂、作业、纪律、宿舍等各项常规事宜，及时收集、填写《班级日志》并进行总结，保证记录内容准确、加减分合理，完成《班级日志》上其他内容的编辑填写，遇重大问题及时报告班委和班主任。

每周由轮值班委每人一次，负责周末计算本周全班同学的加减分情况并进行记录。对减分较多的同学，报告班委、班主任，依据班级公约给予提醒、警告等处理。学生个人得分计入相关学习小组的得分。

每月由值日班委每人一次，将每位同学一月来的得分进行汇总，建立本月《学生德育成长反馈表》并及时公示。依据学生得分情况进行分级评价，赋予班主任加分奖励（目前划分为5档，分别奖励10分、8分、5分、3分、1分）。对月加分较多、表现优秀的同学进行表扬，对减分特别多的同学给予批评，由组长、班委、班主任进行督促。

德育成长档案第____月学分内容

本月得分：________

考核项目	具体项目	减分标准	周次				汇总
			一	二	三	四	
自尊自爱注重仪表	1.校服校牌穿戴不合格	1分/人次					
	2.仪容仪表不合格	1分/人次					
遵规守纪遵守公德	1.迟到、早退	1分/人次					
	2.旷课	5分/人次					
	3.早操或课间操无故缺勤	1分/人次					
	4.未经班主任批准擅自离校	5-20分/人次					
	5.违反宿舍管理条例	以宿管办提供的数据为准					
	6.破坏校舍公物、浪费水电资源、乱涂乱画、乱扔杂物、带饭进校	1-10分/人次					
	7.在校园内追逐打闹、大声喧哗	3分/人次					
	8.校园内骑车，不按规定存放车子	3分/人次					
	9.在校园内携带或使用手机	3分/人次					
	10.男女交往过密	20-30/人次					
	11.抽烟喝酒	20-30/人次					
	12.打架或聚众闹事	20-30/人次					
	13.顶撞、违抗教师或工作人员管理	10-20/人次					
	14.盗窃公物或他人财物	10-30/人次					
	15.进入营业性网吧或其他不宜场所	10-20/人次					
严于律己勤奋学习	1.违反上课或自习纪律（左顾右盼、讲话、影响老师上课、睡觉、看闲书、玩手机……）	5-20/人次					
	2.不按时完成作业	5/人次					
	3.考试作弊或协助他人作弊	10-30/人次					
以下为加分项（均需相关老师证明）							
具体项目		加分标准					
1.积极参加义务劳动、社会实践或其他公益活动并表现突出		1分/人次					
2.积极协助班集体完成黑板报等宣传工作或班级其他集体活动		1分/人次					
3.向校刊或其他刊物发表作品并被录用		1-3分/人次					
4.积极协助班级管理工作，提出合理化建议		1分/人次					
5.在集体活动中表现突出并获得荣誉		2-5分/人次					
6.拾金不昧（金额较大者）		2-5分/人次					
7.班级之星		2分/人次					
8.学校之星		5分/人次					
9.文明班级、优秀班级、优秀宿舍、课间操优胜班级、运动会文明班集体		1/人次					
班主任评价（10分）	得分：						
评语							
总计得分							

-15-　-16-

《班级日志》和《学生德育成长记录》对学生个人发展和班集体的建设起到了重要作用。班主任召开主题班会进行强调，强化学生对《班级日志》和《学生德育成长记录》的认识，介绍《班级日志》和《学生德育成长记录》的具体项目和每项内容的具体要求、评价要求。结合班级管理细则对《班级日志》和《学生德育成长记录》内容进行解读，宣布班级实施方案及具体办法。充分发挥班干部的作用，每班由5个班委负责每天的记录，明确值日责任及值日顺序。由对应班委负责指定时间段、指定区域、指定项目的检查督促，并及时、准确、全面地记录到学生个人的《学生德育成长记录》上。学生个人有权力随时查阅，可对该项工作及时提出质疑或建议。学生及时根据自身表现完成每周《我的成长周记》，发现不足，总结优势，明确个人努力目标。

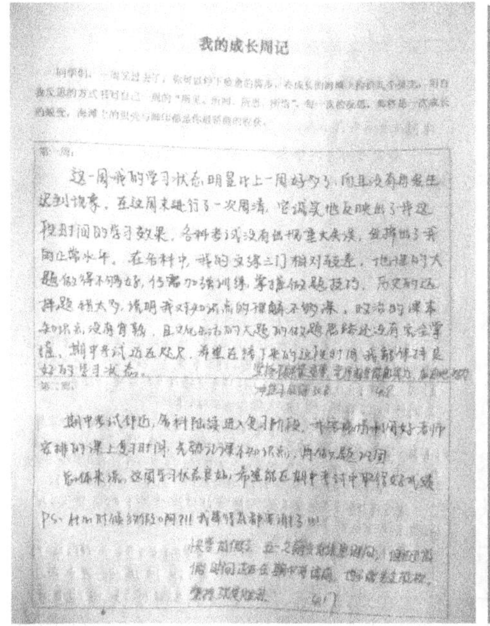
我的成长周记

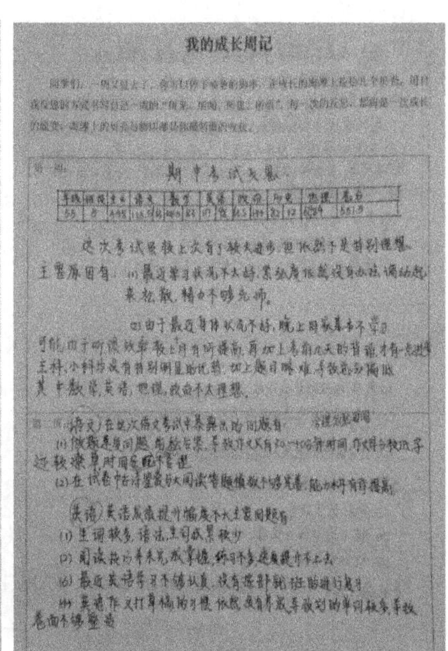
我的成长周记

期中考试反思

通过《班级日志》和《学生德育成长记录》，每个学生每天的每个方面的表现都有了定时、定量的记录和反馈，使每个学生明确作为一名一中学生的具体的基本规范和要求，使每个学生能够及时反思自身德育发展过程，及时进行自我调整，促进了学生个人综合素养的提升，从而对学习小组建设、班级自我管理均起到了较大的引领和促进作用。

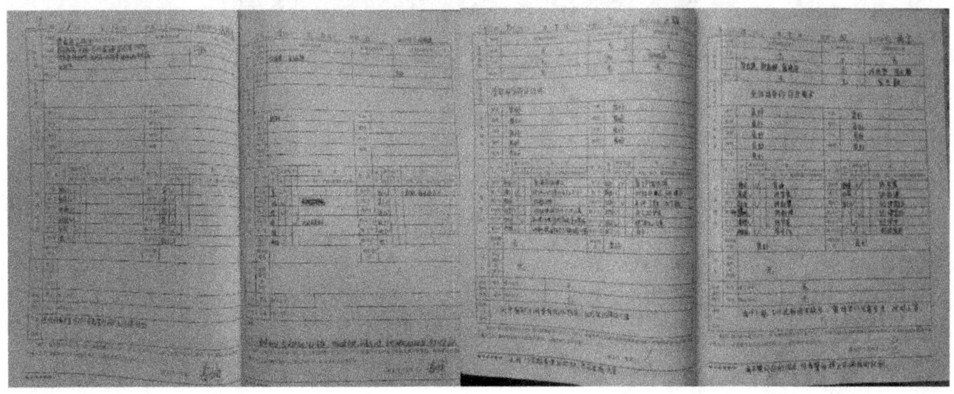

二、《班级日志》和《学生德育成长记录》运用的典型案例

巧用《我的成长周记》，加强班级管理

王丽丽

2015 年 9 月，我担任班主任工作。也是从 2015 年开始，学校对学生的管理工作有了进一步的改进，每一个学生都有了一本《德育成长记录》。2015 年上学期，我主要根据学生日常表现情况，每月认真记录得分减分情况。2015 下学期，《德育成长记录》上又增添了《我的成长周记》这个栏目，我从一开始就坚持每周让学生写感想，我及时批阅回复，在这个过程中，我了解了更多学生的心理，这对班级管理起到了非常好的作用，下面我就分享几个典型事例。

（一）考前定计划，考后重反思

如果考试将近，我会让学生在本周《我的成长周记》中写考前计划，考后再让学生翻看考前计划，反思自己是否实践了计划，再将反思写下来。

比如周佳莹同学在某期中考前这样写道"下周就要考试了，一切都没有准备好，感觉像是战斗的号角已经吹响，而我还在赤手空拳地向前冲。最近物理和数学在放大招，弄得我招架不住，心情也是跌到了谷底……首先我要整理好每一科的知识体系，分点逐条记忆。第二我还需要调整好情绪……"

考试后，我又让同学们翻看考前计划，再写考后反思，周佳莹同学这样写道，"这次考试心情还是很平静的……能从期中考试前吸取到的经验就是要'提速'了。做题太慢总会使自己在最后关头手忙脚乱，以至于本来会做的都不会了……"

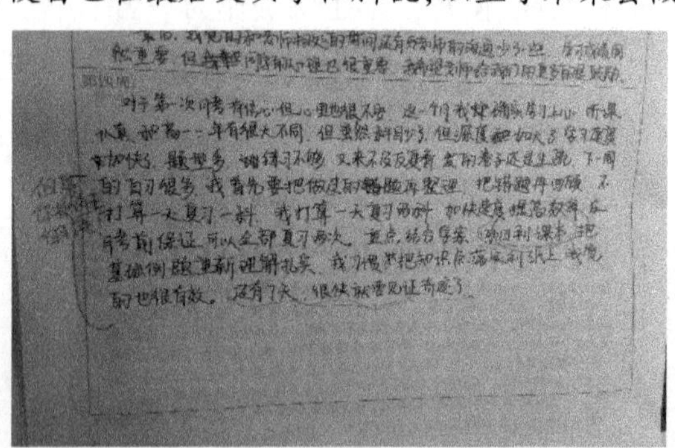

这样的考前定计划，考后重反思，让学生学会学习，积极为备考做准备，在考试后能再总结再反思，对学习起到促进作用。《我的成长周记》帮助学生记录下自己备考时和考后的心得体会，有利于他们系统的反思学习，整理提升。

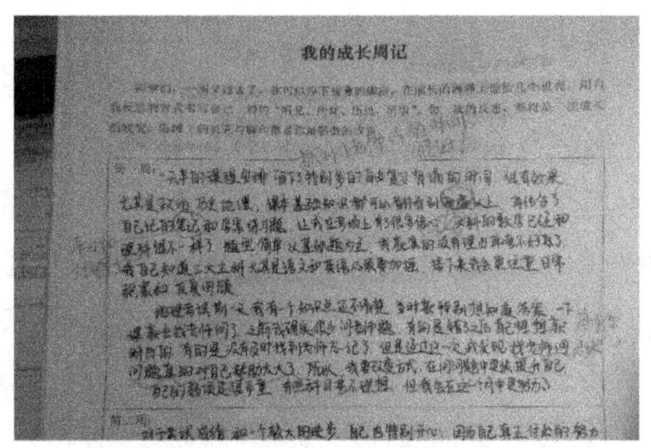

我的成长周记

(二)反馈学习情况,增进师生互动

在每周二下午的班会上,我都会充分利用《我的成长周记》,让每个学生写本周感想。这样我能及时了解他们在想什么,在做什么,我都会给每个人写批语,加强互动。

比如,高一下学期开始,我们年级根据这一级学生实际情况,将每天晚上第三节调整为自习,没有具体科目任务,让学生整理反思一天所学,温故而知新。

刚刚实行了一个星期后,我从同学们写的《我的成长周记》中得知他们都很喜欢这样的整理时间,其中刘林源同学写得最为精彩,他写道:"新的一周,新的课程表,每天一节自习仿佛又回到了初中,学案也进行了改良,减轻了课程负担,提高了每节自主课的利用率,自主课也让我们有了更多的时间查漏补缺,更好地进行巩固性学习。为新课程表点赞。"这样的反馈让我感到高兴,阅读《我的成长周记》有利于我在平时引导他们合理利用自习,提高学习成绩。

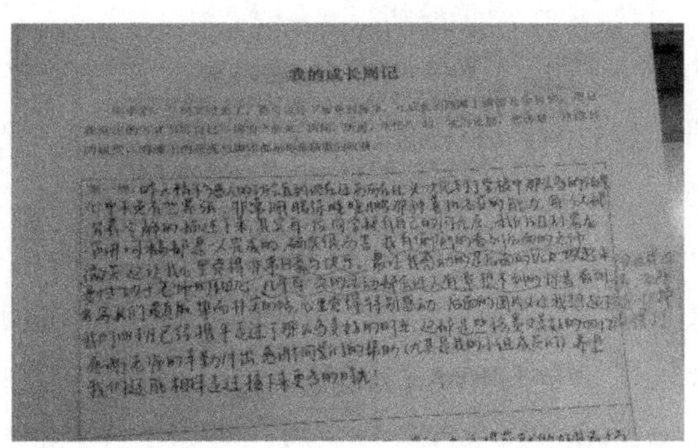

我的成长周记

再比如,我们班参加了政教处组织的班会课大赛,在那节班会后,同学们纷纷写下了对这节班会的感想。

梁凯玉同学这样写道:“精彩感人的班会直到现在还历历在目,非常佩服主持人徐晓鹏同学那种随机应变的能力,其实每一个同学都有自己的闪光点,我们组的孙睿龙的演讲词都是他一人完成的,确实很厉害……”

苏洪飞同学这样写道:“这次班会是我有生以来参加的最盛大的一次班会了,来的老师很多,准备得很好,尤其是我们路平体委的表现真是太精彩了。我注意了一下,离路平最近的那个慈祥(或者说和蔼)的女老师(注:其实是崔校长)老是看着他。最感动的当然是最后的视频,竟然还有家长参与,配上好听的音乐,感人的照片。当然,还有我们班的颜值担当,您和郭老师,谢谢你们。”

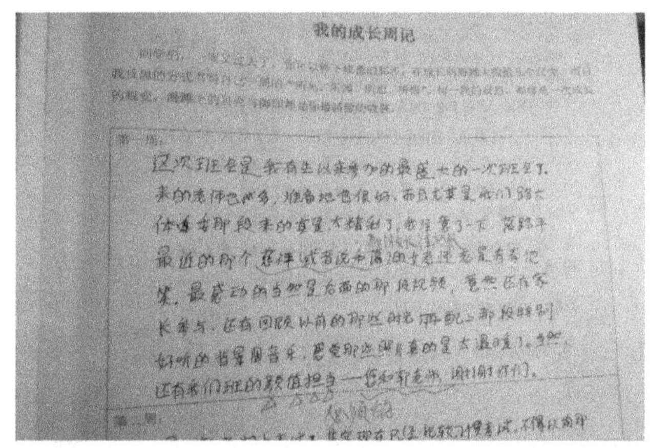
我的成长周记

看到同学们对这节班会如此热烈的反馈,我真的很欣慰。感觉为此付出的也值得了。这样的反馈,让我看到了这个班级强大的凝聚力,我与学生们的心贴得更近了。

(三)反映同桌问题,便于调位换组

高一时,我班倪同学和赵同学谈恋爱,我多次做工作,效果不好。在一次《我的成长周记》里,倪同学的同桌张浩宇这样写道“老师,我想如果允许的话,能否给我换个同桌,我觉得倪已经严重影响了我的学习。他上课的时候,总是和我说他俩的事情,还总让我帮他看看赵在干什么,我能搪塞就搪塞,但他总是这样,我很烦,很无奈。我现在很想念以前的同桌张锦琰,虽然有时自主课我借她东西她都不理我,但是我觉得和她做同桌学起来有劲,不像现在学着学着就被打断。所以我宁愿自己一个人单人单桌,也不愿意再和倪坐在一起。”得知了这个情况,我立即给张浩宇换了座位,让倪同学单人单桌,自己冷静冷静,不听老师的劝导,至少不能再打扰同桌学习了。

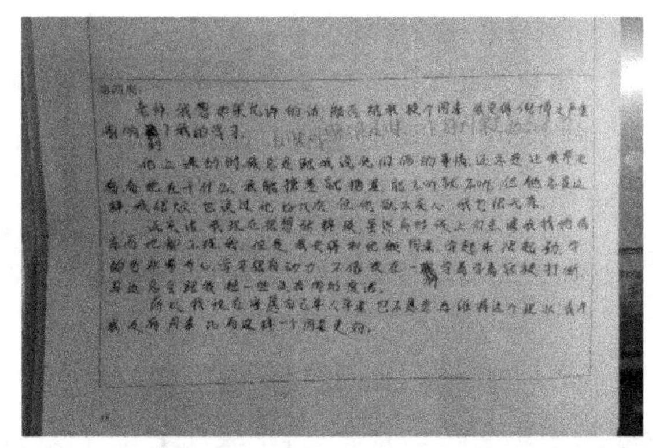

高二分科，我接收了文科班。开学后不久，我班转来一名国际班的小楠同学。当时座位已经排好，我临时把她安排在一个小组，这个小组也有一名从国际班转来的同学。之后的几天，我观察发现小楠比较活泼，可以说有点闹腾，上课爱吃零食。我想让小楠和班长一个位子，让班长监督管理她，别让她的到来破坏了刚刚建立起来的文科班的秩序。结果我和班长一说，班长冯浩宇和他的同桌郭雯萱都强烈反对，班长说自己成绩不好，不能再和比他差的小楠一个位，郭雯萱舍不得现在的小组，也不想换位。我劝说了他们一节课，让他们站在全班的立场上考虑，先换过来，实在不合适我再想办法。

换位后的一周，我从《我的成长周记》中有了意外的发现。小楠写道“我很感谢老师把我调到和班长一个位，他会提醒我上课别走神，别睡觉，别吃零食！”郭雯萱写道，“换位子后，我明显感受到自己的听课效率高很多，我上课容易走神，身边的蔡泽宇同学会积极回应老师，这提醒了我上课不要走神。”看到这样的结果，我真的很开心。

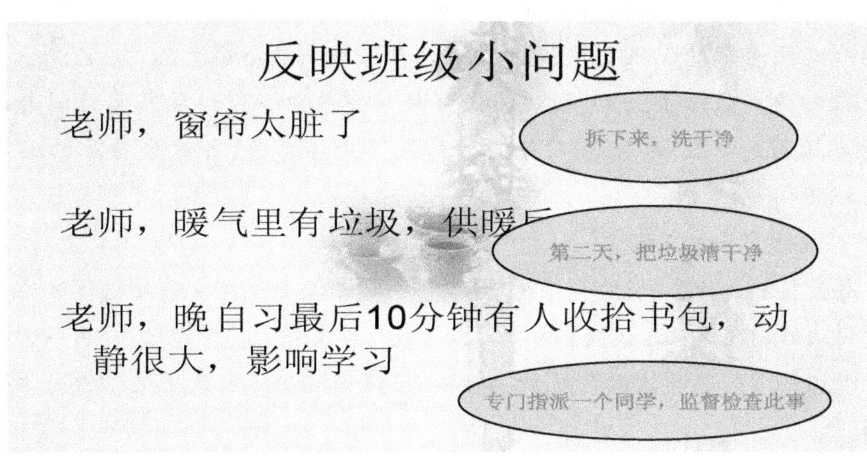

其实,《我的成长周记》带给我很多很多思考,每一次班会后,我都迫不及待地看同学们的一周感受,这对于我及时了解学生心理、解决问题、正确引导学生非常有帮助。作为一个没有多少经验的班主任,我从《德育成长记录》和《我的成长周记》中,收获了很多,愿这项工作继续在全校展开,蓬勃发展。

论德育成长记录对班级管理的有效性探究

——如何用好班级日志和成长记录

李凤华

高三伊始,由于原来班主任工作升迁,年级决定让我做好接班的准备。刚知道这个消息的时候自己诚惶诚恐,作为一个新教师去接手一个毕业班,要面对的压力可想而知,而且要接手的还是实力很强的一个班。所以连续几日寝食难安,担心自己有负于原班主任所托,担心自己辜负年级和家长的期望,担心自己不能领导这个班级平稳过渡,一系列的担忧困扰着自己,让自己在接与不接之间摇摆不定。但年级既然做了统筹安排,自己只能克服困难,服从安排。庆幸的是自己高二教过这个班,和同学们的关系还算融洽,也经常在办公室和原班主任交流。之前帮助代班时印象最深的就是闫老师总是把班级日志亲自填写得很仔细并放在教室显眼的位置。我在班里值班的时候也经常翻阅,看到上面奖罚分明,例如“到校努力学习,加 3 分”“班长工作方式不当,减 2 分”等内容,我还为此问过闫老师这么做的原因。他当时讲的话我至今记忆犹新,闫老师说:“表面上这只是德育成长记录本,但用好了可以给孩子们一种导向。我把它放在桌子上让老师和同学们都能翻阅,就是想让大家知道什么是应该做的,什么是不该做的,而且很多同学很在乎这个。”听完之后我对闫老师的佩服之情油然而生。自己接手这个班之后,决定以德育成长记录作为加强师生关系、引导班级发展的突破口。经过反复阅读闫老师高二时期填写的班级日志,我对他的工作做了一些总结,并结合自己的思路采取了以下措施。

一、常规记录保证纪律

每天我都会亲自把迟到、早退、请假、旷课、旷操以及课堂违反纪律等这些常规项记录好。之所以这么做一方面是给违反这些纪律的同学以警告,另一方面是为了做好一月内违反次数的统计,并结合班规班纪对屡次违反纪律的同学给以惩罚。

二、加分记录鼓励士气

①每次月考、期中考试和期末考试获得表彰的同学名字都会记录在册并给予相应加分。例如“进步之星”“优秀组长”等都会加分，以鼓励大家学习先进，从而树立勤奋好学、力争向前的优良班风。

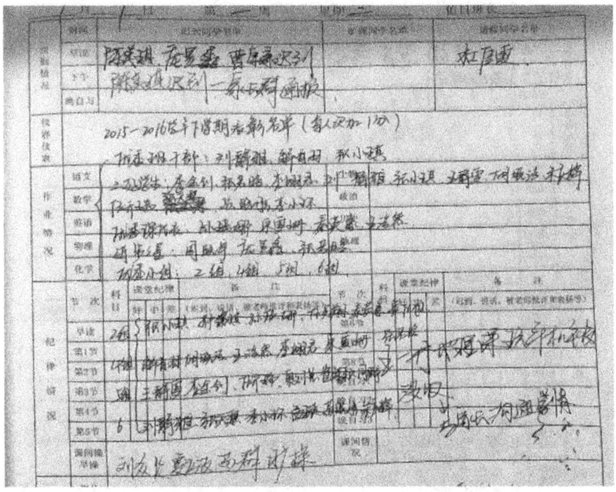

②担任班委、课代表的同学每月都会有 1 分的加分项，一是为了提高这些同学工作的积极性，二是为了密切和他们的关系，以便及时了解班里的情况，掌握各种动向，从而在问题来临的时候能应对自如，降低突发性、危害性。

③积极参加劳动、积极帮助班里服务、假期坚持到校学习等也会得到相应的加分。此项规定主要是为了提升大家学习的热情和乐于助人的精神。

三、家校沟通

我会把一天的工作总结例如“与 ××× 同学交流学情，明确问题，措施……”“与 ××× 家长沟通学情，家长要支持孩子，孩子也应理解家长，和谐的亲子关系有利于学习效率的提高”“与 ××× 老师交流学情，××× 状态或学习方法有问题”等记录下来，目的是让有同样问题的孩子在里面寻找共性，自己去反思去改正。

四、处理心得：聚人心

关于课间打牌风波，我经过多方了解核实明确了打牌的具体时间，所以在她们玩心正浓时，我推门而入，把参与打牌的同学“一网而尽”。原以为简单的通报批评、写检讨能够妥善处理，但我却低估了这群孩子。检讨的不是在反思自己的过错而是攀比其他同学，最终导致同学关系、师生关系出现裂痕。为此我多次找这几位同学谈话,并通过德育成长记录的方式向班里传递要师生和谐团结的信息。

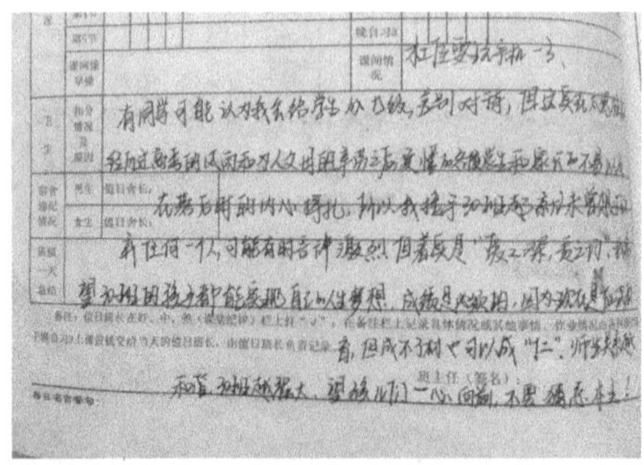

每次月底我都会把班级日志的内容如实地呈现在学生德育成长记录的本子上,并对每个同学的表现写出相关的评语以帮助他们纠正最近学习和生活中出现的偏差。如今高三整个学期已经过了四分之一,在班级日志和德育成长记录的导向下,孩子们越来越遵守纪律。同时,团结协作和力争上游的班风也日益浓厚。常言道"十年树木、百年树人",学校作为培养社会主义接班人的主要阵地,既要通过教学活动提高学生的科学文化素质,同时也要通过各种与教学相关的辅助活动提高孩子们的思想道德素质,从而促进孩子们的全面发展。

最后,孩子们德育方面的成长离不开学校领导的高瞻远瞩,更离不开政教处对于学生德育成长的重视和支持,但在今天的中国,德育教育不应该走形式、耍花腔,而应该切切实实地做到实处,这样才能真正提升学生素质,从而提升我们的民族素质。

后记:通知发下来的时候并不想写这个题目,但是上周六的一次偶然际遇让我认识到了自己教学管理中的不足以及德育的重要性。事情的起因是这样的,为了参加朋友婚礼,我便去了北京,参加完婚礼时间尚早,我顺路拜访了自己的导师。导师给我讲了他出访日本和英国时的所见所闻,他说去英国牛津大学的时候,曾经深夜两点起床在牛津校园散步,看到牛津大学的图书馆依旧灯火通明,那种求学精神让国内的许多大学生都要汗颜。还有就是去日本的时候看到日本的新干线上没有刷手机的人,大家都在读报或者看书,而北京的地铁或者公交车上几乎都是低头族,虽然这种现象早已见诸报端,但老师说自己亲眼看见之后还是很受震撼。反观我们的社会，尤其是我们的部分大学生，他们在经历了十年寒窗苦读之后终于进入了自己的理想学府，可是由于对大学没有进一步的规划，虚度时光、逃课挂科的现象非常普遍。这些问题的出现和我们教育导向有很大的关系。所以不仅要孩子成才，更应该让他们“成人”，这样才会帮助我们的孩子更好地适应社会，更好地实现我们的中国梦！

德育成长记录，记录德育成长

——德育成长记录对班级管理的有效性探究

秦峰

德育工作是学校教育的灵魂，它贯穿班主任学生管理工作的始终，是建立良好班风的基础，是形成浓厚学习氛围的支柱，是培养学生健全人格的保障。尤其是对于现阶段高中生，在繁重的课业负担、强大的升学压力和关键的青春期发育时期，德育的成功与否至关重要。我校实施的《班级日志》和《德育成长记录》为我们班主任的德育工作提供了可靠的依据和强有力的支撑，为班主任细化学生管理工作指明了方向。根据班级实际情况，结合《德育成长记录》，我在平时的德育工作中结合实际，找准目标，建章立制，坚持落实。

一、结合实际，找准目标

对于女生多、男生少的文科班，班主任都知道管理难度较大。都说三个女人一台戏，文科班四十多个女生得多少台戏啊！女生们大都心思比较细腻，性格偏于文静，对事比较敏感，处事不够灵活。男生们在班级中人数少，但有时也起关键作用。鉴于这种情况，我在德育工作中需要更多的细心、耐心和关心。

1. 齐心协力，共渡难关

我们班王同学，平时比较文静，不太与人交流，比较有礼貌，见到老师总是很羞涩地喊一声“老师好”，她是班里公认的小女生。高二下学期，她得知妈妈患上了乳腺癌，那时她内心的压力、痛苦和恐惧可想而知。刚开始一段时间，我不知道事情真相，只是感觉她好像心不在焉的样子，就找个机会问她怎么回事，懂事的她也只是眼圈红红地说没事。接下来的日子里，我仔细观察，向班委和组内同学了解情况，同学们也都不知道怎么回事。我也给家长打电话，想问问情况，无奈电话也没人接。我想可能是由于事情的私密性，她不愿意向别人提起，我也只好细心观察，静待机会。有一天，我发现她理发了，原来长长的黑发变成了短发，我问她怎么理短了，她也只是笑笑说长发太麻烦，不如短发好打理。没过几天，晚读时，她从厕所回来后我发现她眼圈红红的，我拍了拍她肩膀问了句没事吧，她的眼泪夺眶而出。我感觉应该是时候了。我把她扶到办公室，她趴在我的肩膀上失声痛哭，任凭泪水顺着脸颊往下流。看到这种情形，我暂时没有说什么，只是拍着她肩膀，让她尽情释放。

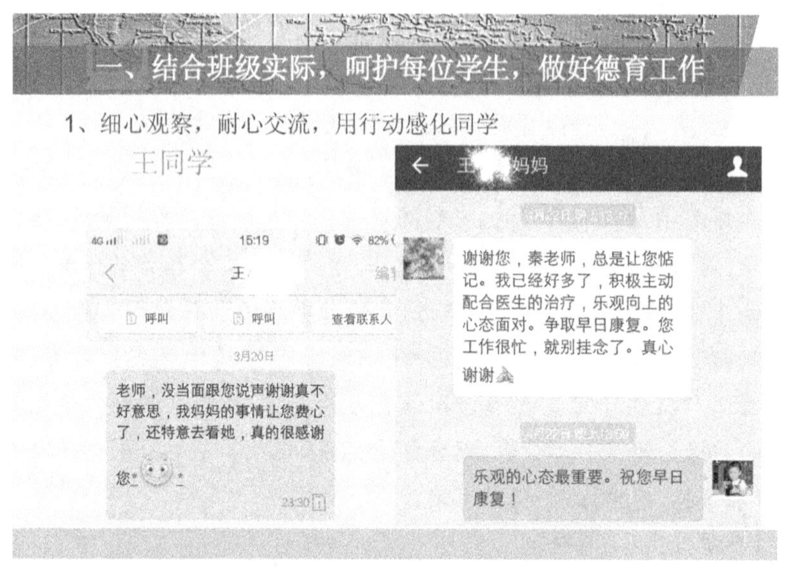

等她心情稍微平静了些，我开始跟她交流。她感觉终于找到释放的方式和倾诉的对象了，把事情的来龙去脉讲给我听。她得知妈妈患病时几近崩溃，看到妈妈化疗痛苦的样子非常心疼，但是懂事的她在妈妈面前表现得非常坚强，还不时地宽慰妈妈，鼓励妈妈，后来她为了陪伴因为化疗而落发的妈妈，毅然决然地把自己的秀发理成了光头，只是在上学时戴着假发，有时也担心假发掉下来遭到异样的眼光。但是这么小的年龄经历这么大的磨难，毕竟孩子还是孩子，心里真的承受不住时她得发泄出来。我就借此机会及时疏导，鼓励她勇敢地接受现实并渡过难关。之后我跟她妈妈联系上，多次到医院看望、鼓励妈妈。她妈妈也是个比较要强和乐观的人，但是在这种生死攸关的时刻，她也犹豫过，也困惑和悲观过，不过经过大家的共同努力，她妈妈挺过来了，为了懂事的孩子她也坚持下来了。经历这次事件后，王同学有什么心里话或迷茫的事情都来找我聊聊，更加信任我这个老班长了。并且她比以前更热爱这个集体，讲桌每次擦得很干净，值日总是抢在别人前面，同学有困难她也总是尽自己最大的努力去帮助。

2. 及时鼓励，发挥优势

我们班男生虽然占少数，但却是班级强有力的支柱，在班级的很多活动中要让他们有存在感，成就感。篮球比赛是男生们发挥优势地位和体现他们十足霸气的重要时刻。由于大部分篮球队员是学习成绩暂时落后、热爱体育运动的一些男生，在平时以学习为主的高中生活中，他们有时感觉不到优势。每到这个时刻，我都抓住时机鼓励他们，在全班同学面前对他们的表现给予肯定，并给予加分奖励和物质奖励。也是每到这时，这些同学们看着比以前更加自信、更能感觉到自己的价值所在。在针对学习方面做思想工作时，我也会拿篮球赛做例子，说明不管做什么事情，只要认真对待、用心去做肯定能做好。

为了解决同学们的喝水问题，经过征求大家意见，班委决定由男生承担起抬水的任务。一开始，22 名男生轮流去抬。渐渐地，有些男生嫌耽误时间或嫌累，就不愿意去了。我发现这个事情后，思考怎么解决这个问题，总不能每天都是那四五个男生去抬水。我意识到抬水本来就不是男生们分内之事，而是男生们为集体的无私奉献，我也没有权利强迫同学去做这件事情。但是为了方便同学们，综合考虑一下，我鼓励同学们自愿抬水，为了对大家的行为给予肯定，还给这些同学加分奖励。其实每个同学都想在集体中有归属感和优越感，由于有加分奖励男生们干起活来更加起劲。

同时,我选出表现积极的谭同学作为组长,负责水卡的保管和值日的安排工作。平时他比较活跃,但是一谈到学习就提不起精神来。自从接手这件事情后,他非常认真地将水卡保管好,再也没有出现丢失现象,他也及时安排和督促其他同学按时去抬水,使班里喝水问题得到有效解决。这件事让我意识到要及时发现学生们的优点,发挥每个同学的优势,让每个同学感受到班集体的存在,从而为形成良好的班风奠定基础。

二、建章立制,坚持落实

结合学校的《班级日志》和《德育成长记录》,根据本班实际情况,我先制定了详细的小组量化管理规定,细化管理工作,具体到加减每一分都有理有据。制度制定起来简单,关键是执行和落实。

1. 惩罚有度,心服口服

刚开始按班规执行加减分制度时,同学们都比较认真,违反规定的居少数。时间长了,有的同学开始不太在意了,违反规定的同学越来越多。我反思了一下,主要是有些制度可能奖惩不够明确。比如对于早晨迟到同学,只是按照规定给个人和相关的小组减去一分,没有相应的惩罚措施。久而久之,迟到的同学也感觉不到不好意思,有段时间迟到现象比较频繁,甚至影响到老师们的上课秩序。我及时找班委了解,找同学座谈,发现了问题的症结所在。于是在原来加减分基础上,把每周迟到同学组成一组,参加周一的大扫除或每天的擦黑板值日。为了保障制度切实有效,我紧盯制度的落实情况。经过一段时间整顿,迟到现象明显减少,为建立良好的学习氛围奠定了基础。其实不管哪项制度,关键是抓落实,如果落实不到位,制度只能是形同虚设,不能最大程度地发挥作用。

2. 及时奖励,提高自信

德育成长过程中,不应该只有不足,还应该有许多值得鼓励的地方。刚开始在《班级日志》中记录的减分比较多,加分项目比较少。有一天,我意识到,我的学生不可能都是问题学生。每个同学都有优点,只是在于如何去发现和鼓励。于是在接下来的工作中,我注意到了这一点,和各科任课老师交流,可以在课堂上根据同学们的表现适当加减分,这样可以激发同学们回答问题的积极性;跟各科课代表沟通,收作业时也可以根据上交速度确定加减分,这样也很大程度上改善了收作业慢的问题;与班委建议,他们在组织某些活动时,积极配合的小组或同学可以适当加分,充分调动了同学们班级活动的参与性;对有些比赛,如作文大赛、篮球比赛、运动会等等,都可以给获奖同学加上相应的分数。

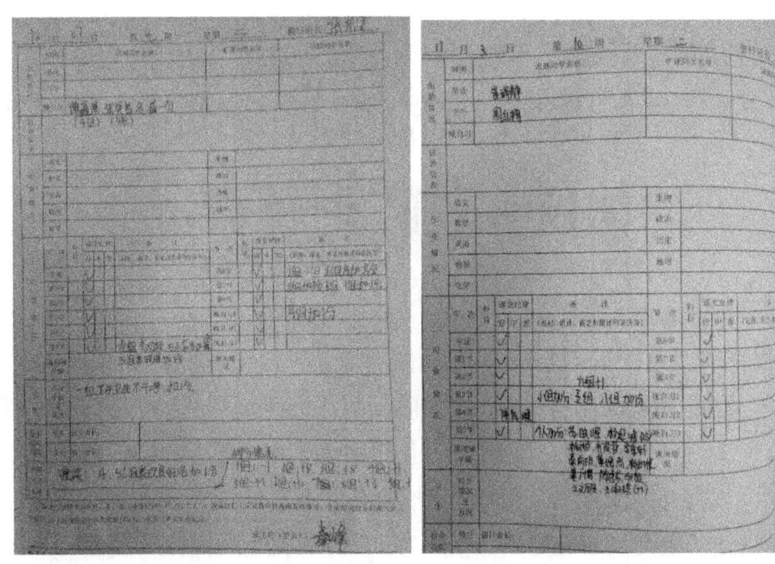

3. 正确引导，提高认识

为了使同学们正确看待这些奖惩措施，我还经常从网上下载一些与责任、担当等有关的励志视频，播放给学生们看，并结合相关视频，展开讨论或者组织演讲比赛，让同学们确实意识到，作为学校的一分子，应该严格遵循学校的规章制度，如果违反了，也要有担当，主动承担责任，心甘情愿地接受相关的惩罚。

《班级日志》和《德育成长记录》给我们班主任工作提供了有利的保障和依据，同时每周的总结和感想成为我和同学们交流的重要手段。每周同学们写好记录之后，我都仔细阅读并批阅，以这种方式及时了解同学们的思想变化，对班级管理有很大的帮助。由于平时时间紧，任务重，有时不能一一找同学交流心得，我就把批阅每周感想的工作作为鼓励、鞭策同学们学习状态的一种媒介，我感觉有时可能一句提醒和鼓励就会使学生们干劲十足。在接下来的班主任工作中，我还会好好地借助《德育成长记录》，来记录同学们在高中的德育成长之路。

第六章 文明教室检查评比促进了学生“礼仪·责任”道德养成

文明教室的检查评选是学校为扎实推进“礼仪·责任”教育，充分展现我校学生良好的精神风貌、道德品质和文明行为而开展的活动。主要从教室卫生、教室文化、学生言行、德育成长记录落实情况等几个方面对各个班级进行评价。每月各年级被评为“文明教室”的班级小于等于该年级总班数的50%。被评为“文明教室”的班级，学校给予表彰并颁发流动奖牌。每学期至少两次被评为文明教室的班级，才有资格参与学期末的优秀班集体评选。以下为我校文明教室评选办法。

为扎实推进礼仪责任教育，充分展现学生良好的精神风貌、道德品质和文明行为，学校决定展开“文明教室”的评选活动。为更好地推动这项工作，特制订此办法。

一、文明教室标准

（一）卫生标准（关键词：干净 整洁）（30分）

①教室地面干净，做到地面无纸屑、粉笔头、瓜子皮、口香糖污迹、痰迹等。（5分）

②墙壁上无球印、鞋印、墨迹、污迹，无蜘蛛网、无灰尘，无乱贴乱画。（4分）

③教室门干净、无乱涂乱画，门窗玻璃、桌凳及其他教学器具光洁明亮。（4分）

④教室桌椅无污垢，不将废弃物放置在课桌内，无乱刻乱画。（4分）

⑤讲台、课桌桌面、窗台无灰尘、水渍、涂刻。（4分）

⑥卫生角摆放打扫工具整齐有序，设专人管理或轮流管理。（4分）

⑦教室内的常用工具和学生常用之物，如书包、书本、储物箱、饮水机、多余桌凳等，摆放整洁有序、眉目清楚，避免杂乱。（5分）

（二）文化标准（关键词：精致、特色）（30分）。

①国旗贴在前方黑板上方。（3分）

②前方黑板左侧展示栏整洁、优美。（3分）

③课程表、教师一览表、时间表、每月的德育成长记录表等统一张贴黑板右侧

的展示栏中。（5分）

④板报工整书写、定期更换。板报体现班级一个阶段的发展主题，起舆论导向作用。（5分）

⑤各种张贴物和悬挂物，不仅要求端正，也要注意高度适中，底边与一般学生的视平线等高（指站立着）。（3分）

⑥学习园地、竞赛图表、卫生角等等应在教室的后方，正面墙壁黑板四周切勿张贴、陈列一些太显眼的东西，以免分散学生的注意力。（3分）

⑦教室内有绿色植物摆放。（3分）

⑧走廊宣传栏图文优美，能体现班级特色。（5分）

（三）言行（关键词：文明　进取）（40分）。

①学生上课无旷课、迟到、早退，交头接耳、做小动作、睡觉等现象。（5分）

②严禁学生使用手机。（2分）

③学生在教室、教学楼区没有追逐嬉闹、高声叫喊与聚众喧哗等现象。（5分）

④上自习无交头接耳、睡觉、吃东西、做小动作等现象。（5分）

⑤进出教室、教学楼区，谈吐文明，举止大方得体，上下课起立向老师致礼，遇见老师主动问好。（5分）

⑥严禁在教室吃东西、随地乱扔果皮纸屑与吐痰。（2分）

⑦严禁损坏教室与教学楼区的桌椅、门窗、消防设施、电器等公共设施。（3分）

⑧严禁纹眉、画眼、涂口红、佩戴首饰等，头发整齐干净、前不及眉，后不过颈，不染发、不烫发、不留怪异发型。（5分）

⑨严禁不穿校服，缩裤腿，涂污改动胸卡。（5分）

⑩节约用电，做到人走灯灭（包括走廊及楼梯），严禁私装插座和使用电炉、电热杯、给电器充电，多媒体应有专人负责。（3分）

二、评选办法

1. 文明教室评比，由政教处和学生会评定等级。政教处每周抽查一次，学生会每月抽查一次。

2. 学校每个月评比一次。每班基础分100分，按政教处检查分值占90%、学生会检查分值占10%的比例计入各班每月得分。每月各个年级被评为“文明教室”的班级小于等于该年级总班数的50%。被评为“文明教室”的班级，学校给予表彰并颁发流动红旗。每学期至少两次被评为文明教室的班级，才有资格参与学期末的优秀班级评选。艺体国际班按三个年级综合排名,第一名即为该月文明教室。

3. 有下列情形之一的,不能被评为文明教室

①该班出现校园重大违纪情况或重大安全事故的;一月内班级出现交往过密、打架、德育成长记录不合要求,值周时怠工、大声喧哗等现象的,取消该班级取消当月的文明教室评选资格。

②该班有学生触犯国家法律法规,被司法机关惩办的,取消评选资格

③该班不服从学校活动安排(比如义务劳动、大扫除、各处室布置的任务等)的,取消评选资格。

榜样的力量
PVC UV打印底板
透明亚克力插槽
榜样的力量
文明教室
校纪标兵班
激情诵读优秀班级
升国旗优胜班级
课间操优秀班级
学业成绩优秀班级

第七章 十八岁成人礼，一次“礼仪·责任”的心灵洗礼仪式

成人礼仪式，是中国传统的一种教育现象，是一项重要的人生仪式。成人礼是为达到法定成年期的青少年举行的一种仪式，目的是让青少年意识到自己已经成为一个成熟的社会成员，对青少年的成人意识和社会责任意识、公民意识和公民素质以及世界观、人生观和价值观等的养成具有重要意义。近年来，山东省德州市第一中学举办以“十八而志·梦想飞翔”为主题的成人礼系列活动，为学生的终身发展奠基。德州市第一中学在开展成人礼活动的过程中，注重加强道德品质教育，潜移默化地影响学生的行为习惯。学校通过形成完备体系，捕捉教育细节，持续教育力量，鼓励学生自主发展，强化学生的体验和感受，在学生的成长过程中留下难以磨灭的印象。

一、形成完备体系

目前，德州市第一中学的成人礼活动已经形成了较为完备的活动体系，学校开展包括成人思考（编辑成人纪念册）、成人仪式（成人礼仪式）、成人拓展（志愿者服务）等几大环节在内的成人礼教育月系列主题活动。在活动的不同阶段，有相应的主题活动设计，内容层层递进，形成了一个完整的活动体系。

如在成人礼仪式前，为了更加深入透彻地理解十八岁的责任内涵，学校会面向全体参加成人礼的同学征集“我的十八岁”成人感言和纪念照片，制作成《成人礼纪念册》；成人礼教育月中，参与活动的各班级组织召开“十八而志”主题班会。为庆祝自己的“成人礼”，所有成人学生要做一件有意义的事情来纪念自己的“成人礼”。学生可以参加一次志愿者服务活动，可以参加献血活动，还可以为父母做一件有意义的事情等等。

德州市第一中学还在实践中摸索出一套较为完善的以“十八而志·梦想飞翔”为主题的成人礼仪式设计流程。

一是青春致敬。入场式在温婉感人的音乐下开始，成人学生和家长携手走过成人门，踏上成才路。成人礼在庄严的国歌声中拉开序幕，会场隆重庄严。校领导宣布成人礼开始，18 响成人礼炮响彻苍穹，致敬青春。

二是青春嘱托。校长代表学校向朝气蓬勃的同学们表示热烈的祝贺，向为孩子们倾注了无数心血的家长和老师们表示崇高的敬意，衷心希望同学们要牢记生命责任，牢记人生梦想，牢记青春奋斗。

三是青春祝福。活动中教师用诗朗诵和带有学科特点的话语分别祝福同学们，殷殷真情的话语深深感染了每一位参礼学生。

四是青春勉励。家长代表的发言，字字珠玑，感人至深，道出了家长们的心声和对孩子的殷切希望。句句肺腑言，拳拳父母心。（后附家长代表郭书新发言稿）

五是青春誓言。今日成人立壮志，明朝报国展宏图！全体参礼学生面对国旗，庄严宣誓，铿锵有力的誓言体现了他们勇担成年责任的信心和决心；他们会以自己的实际行动积极践行社会主义核心价值观，做传递“正能量”的使者。

六是青春畅想。身穿汉服的学生真情朗诵《十八岁畅想曲》，他们以青春的名义宣誓，学会责任与担当。

七是青春感恩。人间至美儿女情，天下最重父母恩。父母和孩子互换亲情信件。父母把象征成人的纪念徽章戴在孩子胸前，同学们凝视着父母眼角出现的皱纹、两鬓的白发，向家长深鞠一躬，和家长热情拥抱在一起。很多学生和家长忍不住泪流满面。

八是青春飞翔。成长，我们志存高远，勇担重任；成人，我们满怀豪情，放飞梦想！十八而志，梦想飞翔。伴着高亢激昂的音乐，承载着成人学生梦想和希望的彩球飞向天际，把成人典礼推向高潮。

成人礼一天，留痕一辈子。随着成人礼系列活动的步步深入，学生的体验不断强化，情感的共鸣不断加深。学生们在终生难忘的成人礼中接受了洗礼，唤醒了潜藏的独立精神与对生命意义的思考，学校的德育也在学生们的内心深处开花结果。

二、捕捉教育细节

学生成长需要关键事件，怎样才能让孩子对生命的重要时刻刻骨铭心？怎样才能使普通的事件成为学生不普通的经历？怎样才能更好地达到教育的效果？朱永新教授指出：“仪式、节目、庆典……使有意义的事情或者伟大的事情能够拥有一个伟大的时刻，获得神圣、庄严与尊重。”

镜头一：感恩父母，尽显孝道。在感恩父母的歌声中，父母和孩子互换信件。父母把象征成人的纪念徽章戴在孩子胸前，同学们凝视着父母眼角出现的皱纹、两鬓的白发，向家长深鞠一躬，和家长热情拥抱在一起，是德州市第一中学成人宣誓仪式中最具亮点的环节。中国素以“礼仪之邦”著称，“感恩”是礼节和仪式教育的重中之重，这一环节就是点醒学生要懂得感恩、尽孝道。现场不少父母被这个环节感动得抹眼泪。

镜头二:青春勉励,感人至深。家长代表的发言,字字珠玑,感人至深,道出了家长们的心声和对孩子的殷切希望。句句肺腑言,拳拳父母心。精彩的发言,与现场的父母产生心灵上的共鸣,赢得家长和孩子们热烈掌声。全体同学面向老师、家长行鞠躬礼。

在成人礼仪式过程中,德州市第一中学争取挖掘一切教育资源,利用一切教育契机,聚焦活动过程,放大活动细节,力求让每一个德育环节都能发挥教育功能。

三、持续的教育力量

怎样让感动变成一种持续的教育力量,是我们在活动过程中需要着重思考的问题。

成人礼结束后,学校要求每一位“公民”都要参加一次志愿者服务活动。学生志愿服务人员有的到社区开展公益服务活动,有的去敬老院看望老人,有的去福利院慰问儿童,有的组织募捐、捐赠图书衣物,有的学生参加义务献血活动……通过一件有意义的志愿者服务活动来庆祝自己的“成人节”,让学生在服务社会、服务大众中升华自己的思想境界,培养感恩意识、责任意识和担当意识。

四、鼓励学生自主管理

学生是成人礼的主角，德州市第一中学每年的成人礼活动都为学生创造条件，给他们自主策划、自主活动的空间。

首先，学校政教处团委向学生发出倡议，征集《成人礼纪念册》责任感言，让大家思考应该以什么样的方式、什么样的状态来迎接自己的十八岁，让学生们提供更丰富的思路并形成方案，使《成人礼纪念册》的内容更加丰富多彩。

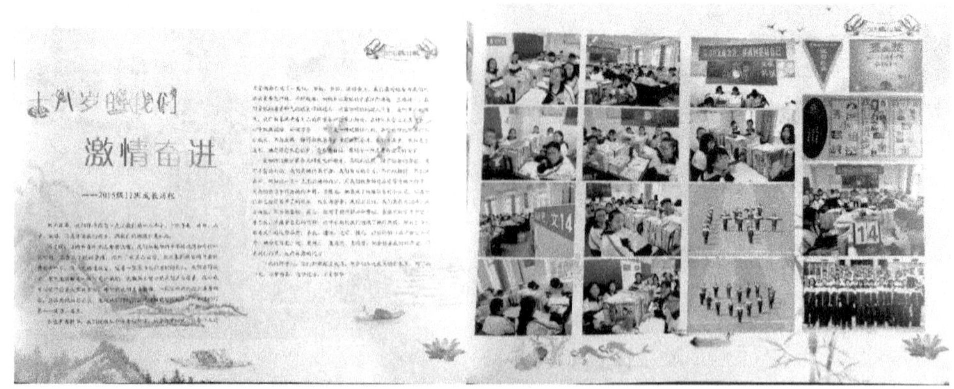

然后，学校号召各班准备好成人主题班会。利用成人礼活动家长参与的机会，认真设计班会形式，充分收集各种素材，营造好班会气氛，让学生在十八岁到来之际，认真做一次个人成长的回顾，引导每一位学生思考、感悟成人的意义。

丰富多彩的体验，让成人礼成为学生心中一个最隆重的节日。

成人礼作为孩子走向成人的必经仪式和德育教育的重要形式，不应孤立进行，而是应与其他的“重大节日”如“五四”青年节等相结合，并作为学校德育教育的有机组成部分，以提高教育的实效性。在具体推行中，要注意两个方面。

一方面是坚持活动内容和活动形式的统一。德国教育学家第斯多惠说：“教学艺术的本质不在于传授本领，而在于激励、唤醒、鼓舞。”有些学校开展这一活动时偏重于单纯地举行十八周岁成人宣誓仪式，重在领导讲话、学生宣誓、家长发言，学校重结果而忽视过程，忽视学生成长的体验，感恩意识、责任意识、担当意识教育开展得远远不够。教育是慢的艺术，是心灵与心灵的对话，学校要过成人礼活动，为学生、老师、家长搭建沟通的平台，让孩子进行一次心灵的洗礼。

另一方面是促进家校共育，形成教育合力。在现代教育的体系中，家校已经迈入了互动时代。学校要根据自身条件和学生家庭的具体情况来施展学校教育跟家庭教育的“组合拳”。没有家长参与的教育，是不完整的教育。要做好这方面的工作，必须统筹学校的相关人力和资源，家校统一引导，德育必能事半功功倍。

实践证明，成人礼教育不是灌输、说教，而是亲身感悟、深刻体验。唯有如此，才能让学生在仪式活动中感受到成长的美好！

成人礼一天，留痕一辈子。随着成人礼系列活动的步步深入，学生的体验不断强化，情感的共鸣不断加深。学生们在终生难忘的成人礼中接受了洗礼，唤醒了潜藏的独立精神与对生命意义的思考，学校的德育也在学生们的内心深处开花结果。

附：家长代表郭书新发言稿

十八岁，你要出门远行

尊敬的各位领导、老师、家长、亲爱的同学们：

上午好，我讲话的题目是“十八岁，你要出门远行”。

五月初夏刚至，春意尚浓，在这美丽的季节，在这美好的时刻，我们齐聚一堂，隆重举行德州一中“18 岁成人礼”。

首先我代表全体家长向筹办这次成人仪式的领导、老师表示最衷心的感谢！你们辛苦了！向参加 18 岁成人仪式的同学们表示热烈的祝贺！恭喜，你们长大了！

按说，今天站在这里，我不应该紧张，因为就在这个地方，我曾多次进行演讲，迎接过新入学的学生，送走过要毕业的学子，鼓励过失利的选手，赞颂过成功的英雄。然而今天，我以一个母亲的角色站在这里，我要亲历女儿 18 岁的成人礼。这神圣而庄重的典礼，让我感慨万千，这种种感慨交织在一起，就成了紧张。

这紧张里有兴奋与激动，孩子长大了，要从少年变成青年了。这紧张里也有伤感和失落，虽然从你生下来，我没有一天不盼望着你长大，可是，当这一天真的来临，我才读懂了龙应台的那句话："所谓父母子女一场，只不过是意味着，你和他的缘分就是今生今世不断地在目送他的背影渐行渐远。"今天，我要目送你走向成年，我不得不承认，你的身高早已超过了我的身高，你的手掌已经盖过我的手掌，你的力量足够大过我的力量，而就在此刻，你的光芒也掩盖了我的光芒。亲爱的孩子，我必须要面对的现实是：你就要18岁了，你要长成一个大人了！

我家有你初长成，我是该放心呢，还是更担心了呢？我是该欣喜呢，还是更加不安呢？孩子们，在今天这个特殊的时刻，请允许我重复我的唠叨，我有太多的话要嘱咐。

首先，未来的日子里，我希望你们健康快乐、充满阳光。

世上所有的父母，对孩子最虔诚的愿望就是他能健健康康，这愿望从你出生的那一刻到今天从未改变。你呱呱坠地时，忐忑地检查你是不是会哭；你学会走路时，紧张地看着你摔倒又爬起；你上学了，听门外的脚步声就能判断今天的你是沮丧还是欣喜。也许世界上其他的人都在意你是否成功，只有父母真正在意你是否快乐。这健康和快乐不仅仅指你的身体，更包括你的心灵。孩子，我希望你拥有健康的身体，更希望你有着健康的心灵，我希望你的内心纯净明亮，你可以有小脾气、小忧郁，但不要忘记，时时打开心灵的窗户，晒晒阳光。要知道，一个健康快乐的孩子，是老天对父母最好的奖赏。

其次，不管是现在还是未来，我希望你们都能勤奋努力、积极向上。

孩子，我希望你好好读书，并不是架空你的理想，也不是把我未尽的梦想强加在你的身上。诗人顾城曾说：我是一个任性的孩子，我想在大地上画满窗子，让所有习惯黑暗的眼睛，都习惯光明。的确，每个人都希望自己能够自由任性，但前提是，你首先要获得任性的权利。龙应台对儿子这样说过：我要求你读书用功，不是要求你跟别人比成绩，而是因为，我希望将来你会有选择的权利，选择有意义、有时间的工作，而不是被迫谋生。当你的工作在你心中有意义，你就有成就感；当你的工作给你时间，你就有尊严。

孩子，你要知道，所谓成长，就是一步步由父母身边走向外面广阔的世界，由家里的小公主、小王子，逐渐成为社会大机器中的一个齿轮或螺丝钉。无论现在还是以后，我都希望你勤奋努力、积极向上，希望你永远有书香陪伴，希望你永远有着学习的热情和充盈的精神。

第三，我希望你们勇敢，学会独立和坚强。

18 岁，多么耀眼的年龄，你现在拥有的是多少人再也回不去的青春，但是美好不意味着一切顺利。你要知道，18 岁的天空也会有风雨，风雨中不免夹着雷电，荆棘中难免埋着陷阱，而你要学会独立面对这一切了。前几天，我问女儿，18 岁对你意味着什么？她突然就回答：意味着犯了法要进监狱了。我知道她有调侃的意味，但是这回答很正确，18 岁以后你要学着承担责任了。在有风有雨的未来，你要学会自己撑伞了。

其实每一位父母，都会毫不保留地把所有的爱给予子女，我曾经无数次想过，如果可以，我愿意是一棵果树，你累了可以依靠；你饿了可以吃果；你热了能够纳凉；你冷了可以劈开我取柴点火。可是，没有如果，妈妈不是树，只是千万父母中最普通的一个。如果小时候，我是你的天空，长大后，我只能做你的背景，如何去飞，只能靠你自己挥动翅膀了。所以，你一定要做自己的勇士，做自己的英雄。

我还希望你懂得珍惜和感恩，心怀善良和悲悯；我还想告诉你要懂得如何去成功，更要学会如何面对失败；要说的太多，恐怕世上所有的父母，都曾小心翼翼地重复和啰唆。而这所有的啰唆，有一天，你终会懂得。

最后，我写了一首小诗，送给你们，作为今天讲话的结束。

如果可以
我多想回到过去
我大大的手掌
牵着小小的你
走过风，经过雨
如果可以
我多想留在此刻
秋天的我陪着夏天的你
享受青春，享受甜蜜

可是我知道
没有如果
你的长大就意味着我们的别离
十八岁的你要出门远行
我只能目送着你渐渐远去

那么，来吧
亲爱的孩子
让我再一次牵你的手
并肩送你到 18 岁的入口
我把所有的爱都化作了祝福
愿你坚定地走向未来
风雨无阻

第八章 “礼仪·责任”为核心，创设精品化社团

学生社团的活动以保证完成学生的学习任务和不影响学校正常教学秩序为前提，以有益于学生的健康成长和有利于学校各项工作的进行为原则。学生社团组织和活动的目的是活跃学校的学习氛围，提高学生的自主管理能力，丰富学生的课余生活。学生社团可以根据学校的不同情况利用学生的课余时间开展各种形式的活动，交流思想，切磋技艺，互相启迪，增进友谊。

我校现有光影社、文学社、心理社、滑板社、贴吧、音乐社、古风社、动漫社、模拟政协、辩论社、学法社等多个社团。

一、社团简介及成立宗旨

（一）南北笙歌古风社

社团简介：南北笙歌古风社是一个兴趣爱好性社团，以为有兴趣的人提供一个交流学习资源共享的平台为目的，以传统为脉，传承过去，面向未来。宣传和弘扬

中国传统文化,继承和发展中国优秀精神,尊重并理解汉服复兴。

(二)音乐社

社团简介:

我听见那天堂鸟已开始了歌唱,
跑过来又跑过去的风还在游荡。
我看见那梦中人走出彩色的房间,
望着我说出了那句动听的语言。
这里是羽苑音乐社。

(三)一中贴吧

社团简介:德州一中贴吧致力于为一中学子营造一个健康的网络交流地。在

这里，毕业学子可以回忆高中时光，在校学生可以分享校园生活，中考新生可以了解一中文化。在与德州一中吧的相处中，你的交际范围会有所扩大，交往能力会有所提高，疑难问题可以得到解决，心中乐事能够与大家分享。

（四）蓝羽漫画社

社团简介：蓝羽漫画社本着“培养学生的人文素养，发挥学生的文学特长”的目的而建立。营造出一个具有浓厚文学氛围的校园文化环境是本社的社团活动目的，希望能开拓学生的视野，锻炼社员的能力。

（五）航模社

社团宗旨：丰富同学们的课余生活，培养同学们的动手能力，培养同学们对科技的兴趣，提高同学们的综合能力，弥补一中社团在航模方面的短板，提高同学们集思广益、勇于钻研的能力，在学校举办大型活动的时候大放光彩，提升学校形象，在各种航模比赛上获得一些奖项，团结同学，弘扬一中乐观向上，积极进取的精神。

（六）光影社

社团宗旨：成立一个爱好摄影的社团，以小照片呈现大世界。

凭借全体会员对摄影艺术的热爱和热情，凝聚全体会员的智慧和才干，致力于在学校广泛开展摄影活动，普及摄影艺术，提高摄影技术及艺术修养，充实同学们的业余生活，丰富校园文化。

（七）舞蹈社

社团简介：舞蹈社成立于2014年，是学校第一个以小品、相声、话剧表演为主的文艺类社团。作为校园里的一支有影响的队伍，该社团得到了学校各级领导的支持和鼓励。

（八）心理表演社

社团宗旨：心理表演社的创办宗旨是“热情演绎，左右自己的生活”。目的是丰富全校同学的课外文化生活，同时给大家提供一个展现自我的舞台。在活动中不仅向全校师生展示了心理表演社成员的表演，而且在表演的进程中锻炼大家的心理素质和临场发挥应变能力。在平时，社团会组织大家观看有关话剧表演的影视作品等。

（九）模拟政协社团

为增强学生的社会责任感，提高学生公民素养，我校于2017年5月成立了学

生模拟政协社团。首次参加全国总决赛就取得了优良的成绩。实地考察、小组合作、探讨研究……从济南到杭州，我们风雨兼程。这足以看出我们的实力！你可以尝试对一些社会热点问题有关注，有自己的见解；你可以尝试在小组同学的通力协作下，让提案获得采纳；你可以尝试用自己飞速旋转的大脑来回答一个个答辩的问题。欢迎来我们社团。

二、社团活动掠影

（一）端午纪念活动

纪念爱国诗人屈原，让爱国精神世代相传

共度民族节日端午，让民族文化历久弥新

主办社团：“初见文学”社。

《永恒的端阳》

男:今又端阳,
女:空气中弥漫着棕香。
男:千家万户迎来了,
又一个诗意浓浓的端阳。
女:我品着棕香,
心儿却去追思一段,
一段浑厚而深远的悠长。
男:汨罗江中的水花啊,
见证了那年年沸腾的船桨。
女:奋力在寻觅着你啊!
上下而求索的忠良。
男:忧国忧民的屈原啊!
你那纵身一跃的身影被定格,
留给了后世一个永恒的端阳。
女:无论是你的《离骚》《天问》,
还是你的《九歌》《九章》,
男:一篇篇华美激情的文字啊,
吐露出你心的芬芳。
女:你的悲愤与呐喊是千古绝唱,
炽热地挥洒出愤懑于心的肝肠。
男:五月的端阳啊,
我的心如同船桨激起的波浪。
女:复兴中华正当时,
曲曲凯歌声声嘹亮。
男:喜看今日啊——
爱国赤子的情怀忠心热膛。
女:小小龙舟划出了崭新的篇章,
炎黄子孙们挺起了巨龙的脊梁!
男:我们的心与屈原一起,
来吧!自汨罗江出发——

女:游向那五湖四海,

游向那茫茫大洋……

男:亿万颗滚烫的心啊,

凝聚成一个雄浑的声响:

女:中国来了!中国人觉醒了!

伟大的人民啊,

男:如今正怀揣一个金色的梦想;

无限的期待啊,

女:化作五个大字在天地间灿灿闪光:

一起:国——富——民——自——强!

(二)校园文化艺术节

主办社团:舞蹈社、音乐社、光影社。

艺术给人以美,给人以享受,陶冶人的身心,人生因为艺术而更加完美、更充实。暮春三月。草长莺飞。校园文化艺术节每年如期举行。它以“展一中学子个性风采,传中华文化艺术魅力”为主题,学校各个社团积极参与,打造了内容丰富、演绎成熟的艺术节。

艺术节的各个节目都非常精彩。在每个演员表演的过程中,观众们都会发现——原来在自己身边有这么多多才多艺的人。从参加活动的每位表演者的脸上飞扬的神采和观众席上的阵阵掌声和喝彩声中,同学们深刻感受到了艺术节是学生生活中最亮丽的一道风景线,更加体会到艺术的魅力。

我校校园文化艺术节始终抓住“丰富校园文化，彰显青春风采”这一主线，在校园内营造出健康、文明、和谐、进步的氛围。我校校园文化艺术节活动的开展，宣传了我校校园文化的内涵和健康向上的形象，为我校学生提供了展示青春、展示自我的舞台，也为我校的德育注入了新的生机与活力。我校将继续为提高学生综合素质、推进学校精神文明建设、全力打造校园文化精品而不懈努力。

(三)成长中的辩论社团

主办社团：辩论社。

①宣传贯彻十九大精神系列活动——“担当时代责任，放飞时代梦想”辩论赛第二轮角逐异彩纷呈。

高一年级参赛人员合影

高二年级参赛人员合影

指导老师耐心指导安排比赛协助人员，重申比赛流程

“责任担当，梦想飞扬”！本次比赛人员是经过激烈角逐以后优选出的二十二位同学，高一高二各十一人。其中不乏参加过省级大赛的有经验选手。两个年级各自拟定辩题“愚公是否应当移山”和“积累重要还是创新重要”，分立论、攻辩、小节、自由辩论、总结五个环节进行比赛。双方辩手在各个阶段唇枪舌剑、妙语连珠，用缜密的逻辑和有力的语言赢得场下观众阵阵喝彩。两位指导老师剖析了比赛辩题和论证过程，肯定了双方辩手的精彩表现，也向同学们提出了关于如何理解辩题、如何打好辩论的意见和建议。

②德州市普通高中学生辩论赛中，一中学子以第一名晋级。

德州市高中学生辩论赛如期举行。此次比赛德城区的四所高中学校全部参加,德州一中以第一名晋级。2017级16班张柏慧同学因表现出色,被评委老师一致评为当场最佳辩手。

我校六名参赛选手是东西校区合力培训选拔出来的佼佼者。参赛队伍由语文组刘冰、李华静、李洪海担任指导教师。

本次辩题为“传统文化对于现代文明是财富还是包袱”,经过精心准备和反复打磨,每位辩手表现都非常优秀,体现了一中学子的高素质,也体现了一中“礼仪责任”教育对学生的濡养,在校学生时时刻刻浸润在传统文化的氛围里,从而对辩题理解深刻,角度犀利。

每场辩论分为立论、攻辩和攻辩小节、自由辩论、总结陈词四个阶段。

整个比赛耗时两个半小时,同学们唇枪舌剑亦有理有据,妙语连珠且不失赛场礼仪。比赛结束各学校同学握手致意。整场比赛体现了同学们较高的辩论水平,和比较宽广的知识面。通过比赛,锻炼了同学们的临场应变能力,分析问题和准确表达的能力,同学们精心准备,反复打磨,锻炼了意志品质,同时校区间的交流也使同学们开阔了眼界。

准备过程花絮

3. 德州一中在德州市首届高中生辩论赛中喜获总冠军。

为了适应新高考和高中综合改革需要,培养锻炼学生思辨能力和综合素养,2017 年,德州市教体局举办了首届高中生辩论赛。

2017 年 4 月 19 日，12 支来自我市各高中学校的代表队，60 余位少年辩手以“手机是否拉近了人与人之间的距离”为题,展开了第一轮的辩论。德州一中以总分第一名的成绩获得省赛资格并杀入决赛。

2017 年 4 月 28 日,获得省赛资格的四支队伍进行了冠亚军的争夺。一中学子与齐河一中学子展开精彩对决。经过激烈的角逐,德州一中喜获首届高中生辩论赛总冠军,张柏慧同学再获决赛最佳辩手称号。

辩题:诚信以自律为主(正)vs 诚信以他律为主(反)

第一场:齐河一中(正)vs 德州一中(反)8∶30 正式开始

第二场:庆云一中(正)vs 禹城一中(反)9∶30 正式开始

德州市教育局基础教育科辩论赛负责人郭立国说:“我们这次辩论赛的主题是担当时代责任,通过一些贴近生活的现象,让学生更多地去体味社会,了解社会,从而树立起为这个社会奉献和付出的精神。”

同学们赛后表示,在辩论赛的准备和比赛过程中,不仅积累了大赛经验,而且锻炼了思辨能力、逻辑思维能力、语言表达能力和团队合作能力。

(四)逐渐成熟的学法社团

主办社团:学法社团。

2017 年 9 月 25 日,德州一中参加了德州市教育局组织的“学宪法,讲宪法”比赛。最终德州一中荣获高中组第一名同时取得省赛资格。

此次活动德州市共有十三个县市代表队参加,比赛过程激烈、紧张而精彩。大赛分三个环节:演讲、知识答题和辩论。其中以演讲和知识答题为依据选出两名同学进行 1vs1 辩论。

我校参赛选手田雨鑫,是所有参赛队员中年龄最小的学生,但是沉着冷静,在各个环节表现优异,通过层层考验,最终取得优异成绩。特别是在知识竞答中满分过关,得到了评委组的一致认可。

在本次比赛的准备过程中,我校充分宣传,积极备战,规范比赛程序。通过此次比赛,在同学们中形成了学宪法讲宪法、尊重宪法、宪法至上、用宪法维护权益的良好氛围。

田雨鑫同学代表德州市参加全国第二届学宪法讲宪法活动山东赛区比赛

（五）迎新年，元旦联欢会

主办社团：表演社、舞蹈社、音乐社、光影社。

为丰富校园文化生活，充分展示我校艺术教育成果，发展学生个性特长，提高广大师生鉴赏、展示艺术美的能力，陶冶高尚的情操，进一步弘扬我校优良的校风、教风和学风，加强校园精神文明建设，通过文娱活动，给学生提供展示自我的舞台，我校于 2017 年 12 月 15 日，全体师生在礼堂举行了主题为“欢庆元旦·放飞梦想”的 2018 元旦文艺汇演庆祝活动。

为保证文艺汇演的节目质量，本次活动自 9 月 19 日开始下发通知，直到节目正式演出，各班同学都积极响应，认真准备，争相参加。最后确定正式演出节目 22 个，其中学生节目 19 个，教师节目 3 个。

整个演出过程井然有序、热烈、欢快，检阅了我校素质教育的成果，展示了我校师生良好的精神风貌，给新年带来了喜庆气氛。

本次元旦庆祝活动在一片欢腾的歌舞声中拉开了帷幕。首先由校长亲切致辞，对过去一年的工作进行了总结，并对学校来年的工作进行了展望，校长代表学校向全体师生致以亲切的问候，送上了诚挚而美好的祝愿。紧接着就是学生们的精彩表演。在主持人热情洋溢的解说下，歌曲、舞蹈、小品、朗诵等多个表演节目悉数登场，可谓好戏连台。

舞蹈《草原上的小骑手》《榴花似火》青春飞扬而不失童真；小品的登场，也给这喜庆的节日增添了些许笑声。随着演出的推进，节目越显得精彩纷呈，无不彰显着同学们的青春与活力。本次元旦文艺汇演在一片欢乐与温暖中落下了帷幕。

（六）2017年第四届全国青少年模拟政协活动

主办社团：模拟政协社团。

2017年8月11日，经过近五天紧张的比赛，第四届全国青少年模拟政协活动落下帷幕，我校模拟政协社团在本次活动中收获颇丰。

在同学们的努力和稳定发挥下，我们在团体项目中最终获得最佳调研报告奖和杰出提案、展示奖。

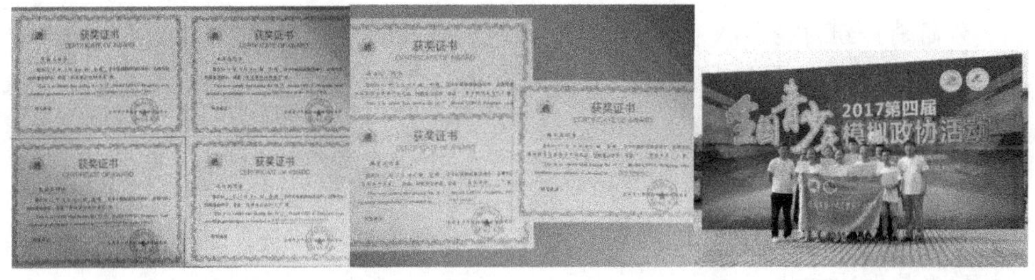

个人展示过程中，许由之、王杰迅、孔欣雨、赵俊宇四名同学获最佳模拟政协委员称号。

当然还有新闻发言人、演讲、风采等个人奖项。此外，由于我校同学们的精彩表现，张超老师、苏海龙老师被评为本届全国模拟政协活动优秀指导老师。

欣赏一下我们在活动中的精彩瞬间吧！下图为由我校高一年级的赵俊宇、王杰迅、黄宏颖、戴如昕、孔欣雨、雒骞凤同学组成的团体在集体展示我们的《关于城市垃圾分类与处理的提案》。

大会主席团成员、我校模拟政协社团新闻发言人许由之回答各方媒体记者的提问，他可是本届全国青少年模拟政协的最佳政协委员啊！

分届别分组讨论各代表队的提案，我校模拟政协委员赵俊宇在介绍我校提案后，与其他委员交流。其他委员分别同时在相应届别小组讨论发言，这可是评最佳政协委员的重要活动啊！

师生联谊会上，王杰迅、黄宏颖给大家来一段街舞表演，我们德州一中学子不仅有才华，也有才艺，完美收官，满载而归，期待我们的政协委员归来后能为班级、学校的发展做出贡献。

附：德州一中高一高二年级元旦联欢会各项安排及安全预案

我校元旦联欢会将于2019年12月31日（周二）晚7∶00—9∶00（高一），2020年1月1日（周三）上午8∶30—10∶00（高二）在餐厅三楼举行，为使联欢会有序、安全、成功举行，特制定工作安排及安全预案如下。

一、领导小组

组长：李德民

副组长：崔霞　王希胜　张甲卫　石发建

委员:张超　张兰菊　郝亮　岳伟　张玉海　张甲利　于培志

成员:高一、高二各班班主任　王东峰　张文远　李大超　王兴　夏春颖　黄春燕　苏荣华

二、具体工作小组和负责人

(一)总协调

高一负责人:张甲卫　张超

高二负责人:石发建　张超

(二)学生入场退场

高一负责人:张甲卫　刘志斌　各班班主任和本班一名任课老师

高二负责人:石发建　赵庆水　各班班主任和本班一名任课老师

(三)会场安排

高一负责人:张甲卫　刘志斌　王东峰

高二负责人;石发建　赵庆水　王东峰

(四)会场秩序

总负责人:张兰菊

高一　东门:李大超和年级一名人员　西门:张文远和年级一名人员

　　　南门西:夏春颖年级一名人员　南门东:黄春燕年级一名人员

高二　东门:李大超和年级一名人员　西门:张文远和年级一名人员

　　　南门西:夏春颖和年级一名人员　南门东:黄春燕和年级一名人员

(五)场内消防

负责人:张玉海　人员:王兴

(六)音响灯光

负责人:郝亮　人员:王兴　苏荣华

(七)节目安排

负责人:刘玉选　人员:杨叶　陈成林

(八)电工组

负责人:张甲利　人员:于培志

(九)校园大门安保　负责人:岳伟　人员:保安

(十)医务组

负责人:刘莹莹

（十一）宣传组

负责人：聂金瑞

三、安全保卫注意事项

①30号下午2：10高一三班10名男生准时到体育馆三楼搭舞台，其他同学打扫校园卫生。

31号下午5：05高一年级各班体委穿标志服，带领3名同学到体育馆布置方阵的凳子，不得缺席、迟到。

31号晚上，9：00高二年级各班体委穿标志服，带1名同学到体育馆三楼布置会场，不得缺席、迟到。

各班主任负责本班学生的安全，带本班学生有序进入场地，观看演出期间始终坐在本班后面维持纪律。高一年级31日下午6点30分，1~12和25~28班每班两路纵队，在餐厅南面广场集合，从西门进。13~24班每班两路纵队，在餐厅东面广场集合，从东门进，1~3班在西侧看台就座。13~15班在东侧看台就座；高二年级1日上午8：00，1~12和24班每班两路纵队，在餐厅南面广场集合，从西门进，13~23班每班两路纵队在餐厅东面广场集合，从东门进。1、2、24班在西侧看台就座，15、20、21班在东侧看台就座，看台上的班级自带垫子。所有体委都穿标志服。进场退场时听从王东峰老师指挥，靠门近的班级依次退场，看台上的班级最后退场。

②班主任要提前对本班的学生进行晚会活动安全教育，对每个细节提出纪律要求和注意事项。遵守会场纪律，保持会场卫生，确保会场安全，严禁学生带手机，严禁学生在会场随意走动、乱丢垃圾，上厕所要先向班主任报告。

③在学生入场和退场时，班主任必须清点人数。班主任做到对请假的学生心中有数。

④观看晚会期间不准吃瓜子等小食品，应保证场地卫生整洁。

⑤安全科杜绝校外闲杂人员进入校园。

⑥老师在指定区域观看，学校不提倡老师带孩子，孩子无人的看管必须带孩子的，请看管好自己的孩子，不要放任孩子到处乱跑。

⑦总务处提前做好电路、电器的维护工作。

⑧如果突然停电，全体师生不得起哄，不得乱跑，应静坐等待，听从指挥。所有持手灯的老师打开手灯，班主任和其他老师打开手机，提供光源。

四、温馨提示

①全体师生要听从指挥，统一行动，严禁私自行动；遇事切勿惊慌乱跑，造成混

乱，发生踩踏事件。

②班主任和班干部要明确救助方案，如发生事故要有组织、有秩序地撤离。

③领导小组成员、班主任要自始至终坚守岗位，严禁擅离职守。

④各安全工作人员要做到“杜、防、处”并重，在杜绝上下功夫，在预防上添措施，在处理上要依法、及时、果断。

德州一中

2019年12月26日

第九章　班主任大讲堂“礼仪·责任”教育历程的结晶

班主任是学校管理中最基础的管理者,是学校发展最重要的依靠力量。学校对班主任团队的建设投入了大量精力,开展班主任大讲堂的目的是搭建学习交流的平台,整合前沿教育管理理念,提高班主任素质,通过引领、示范效应来促进我校班级管理工作。班主任大讲堂总结班主任工作中的新观点、新经验、新成果,引领班主任专业成长,充分发挥班主任在学校德育工作中的重要作用。

一、每届围绕一个或几个主题展开讨论

第一届:班主任的成长史。

第二届:要做善于反思的“老班”。

第三届:如何形成优秀的班风和学风?

第四届:①班里总有学生抄袭作业,怎么办? ②学生嫉妒心较强,怎么办?

第五届:①家长只关心孩子学习成绩怎么办? ②班里学生突发事故怎么办?

第六届:①如何教育学生珍爱生命? ②如何做一个凝聚力强的老班?

第七届:①学生过于以自我为中心,怎么办? ②总是忍不住想对学生发火,怎么办? ③如何增强任课老师的凝聚力?

第八届:①德育成长记录对班级管理的有效性探究。②面对学生欺凌事件怎么办? ③班里排位总出矛盾怎么办?

第九届:班主任在班级管理中如何提升学生的学习状态。

第十届:①班主任对违纪学生的管理艺术。②做希望自己孩子遇到的那种老师。

第十一届:①学生完不成作业怎么办? ②班里总有学生做事磨蹭怎么办?

第十二届班主任大讲堂征文主题:本届班主任大讲堂征文主题有三个:①如何与“问题家长”打交道? ②如何提高师生个别谈话的效用? ③如何打造充满激情和活力的班级?

十三届班主任大讲堂征文主题有三个:①激发任课教师参与班级工作热情的策略。②帮助学生调整学习心态的案例。③提升班级学习状态的探究和实践。

十四届班主任大讲堂征文主题有三个:①如何让班会课变得有魅力?②怎样做一位善于讲故事的班主任?③个别学生只能表扬不能批评,怎么办?

十五届班主任大讲堂征文主题有三个:①疫情之下通过家校、师生良性互动提升班级管理实效的创新做法。②“空中课堂”激发学生学习效率的有效手段。③冲破疫情阻碍,创新沟通形式,确保线上德育不缺位。

二、经典案例展示

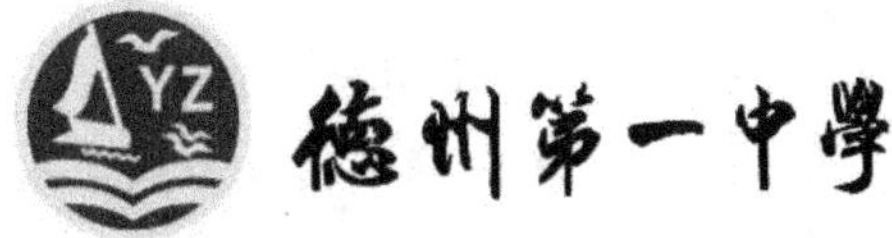

第七届“班主任大讲堂”征文通知

为搭建学习交流平台,整合前沿教育管理理念,提高班主任素质能力,以班主任大讲堂的引领、示范效应来促进我校班级管理和教学迈上一个新台阶,学校将开展第七届班主任大讲堂征文活动,具体要求如下。

1. 内容、投稿要求

高中三年的班级发展史也是班主任的成长史,每位班主任都要做善于反思的“老班”,把遇到的问题案例记下来,尤其是要写出解决的办法,形成自己的独到见解,字数在2000字左右。征文内容格式统一【标题统一为宋体三号,副标题和正文内容统一为宋体四号】,段落清楚。请投稿老师将电子稿以“附件”【附件重命名格式,例如“2014级语文组张**(老校区)”】的形式发送到政教处邮箱 dzyzzjc@163.com。

2. 第七届班主任大讲堂主题

①学生过于以自我为中心,怎么办?②总是忍不住想对学生发火,怎么办?③如何增强任课老师的凝聚力?【任选其一,也可以选择其他主题】

3. 参加人员

德州一中老校区现有班主任和副班主任,欢迎有兴趣的老师踊跃投稿。

4. 截稿时间

投稿截止时间为2016年5月15日(星期日),过期不候(过期上交的不予评奖)。学校拟在本学期第14周前后举办第七届班主任大讲堂(具体举办时间听学校通知)。

5. 征文评奖及待遇

班主任大讲堂征文活动设一等奖十名,二等奖三十名,三等奖若干,由学校组织有关评委进行评选;班主任大讲堂征文一、二等奖等同于一次校级公开课或校级教研,可用于职称评定加分。

班主任大讲堂征文活动是我校的一项常态化工作,学校会坚持不懈地抓下去,望广大班主任积极响应,踊跃参加。

德州一中政教处

2016年5月4日星期三

【注:请各年级备课组组长将本通知传达到本组各位老师。】

学习规划提效益,个性化作业促成绩
——兼谈学生完不成作业怎么办?

德州一中2016级11班班主任　许保华

我们学习任务的作业分为课堂作业和课外作业两大类。课堂作业是教师在上课时布置学生当堂进行检测的各种练习,课外作业是学生在课外时间独立进行的学习活动。是检测学生是否学会了课上的知识点的一种方法,学生作业管理是教学中很重要的一环,学生长期完不成作业,会造成学生知识链断裂,成绩下降,是导致学困生产生的重要原因。

针对学生完不成作业的问题,我们不妨从以下几个方面尝试着努力。

一、把脉诊断,对症下药

学生不做作业的原因大致有以下两个方面。

(一)老师的原因

①作业量可能较多。②老师布置作业没有做到个性化,分层次,因材施学。③老师批改不及时也会导致学生不写作业。学生会想,反正老师又不批改,做不做老师不知道。

(二)学生及家庭原因

①速度慢。做作业时常左顾右盼,爱打岔。作业一多就完成不了。②不会做。

知识链断裂或者课堂貌似听懂，但学以致用方面欠缺。③懒惰性在作祟。学习没规划，跟着感觉走，拨一拨转一转。

二、应对策略

针对学生以上几种不做作业的情况，可采取以下策略。

（一）长计划，短安排，挤时间，讲效率

进行时间上的通盘计划，制定较为详细的课后时间安排计划表，课后时间要充分利用、合理安排，我们班级统筹六个学科作业任务，围绕查漏补缺、培优补弱这个核心宗旨，进行学科作业的规划，把空堂自习和平时在家的边角余料的时间全都列在阶段性学习规划上，贴在卧室墙头，按照学习规划安排学习任务，减少学习活动的随意性和盲目性。（潘立宁和徐赛雯的学习规划）

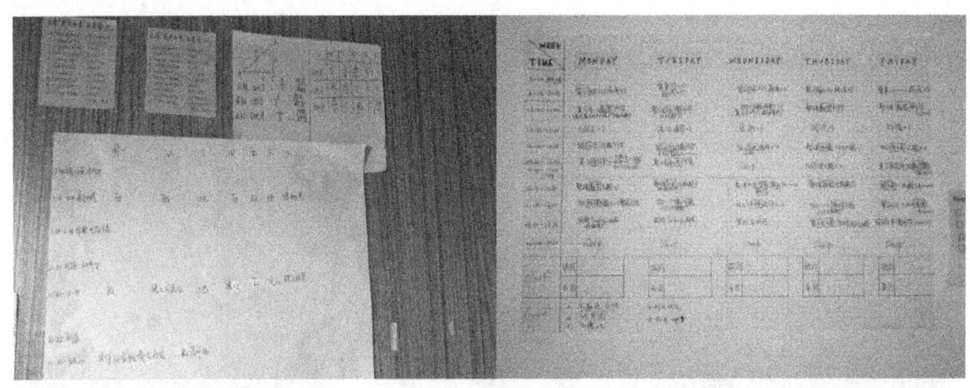

徐赛雯同学通过学习规划，在学科老师的指导下，加强了复习、作业、错题等环节的管理，成绩进步显著，这名同学中考成绩是 565 分（文科年级 262 名），期末统考 535 分（年级 98 名），高二下学期期中考试 613.5 分，（年级 20 名）这名同学的进步充分说明，规划出效益。

（二）查漏补缺，培优补弱——作业设计个性化

班级除了学科组布置的整齐划一的作业，还根据学生的学科发展特点，进行个性化学科作业设置，个性化的作业主要是放在空堂自习和在家的边角余料时间完成。

一些学生总成绩不够理想或者达不到个人期望的重要的原因是偏科或者强势学科不够突出，针对这个问题，我们班级确立了学科“培优补弱，查漏补缺”的学期任务，个性化作业设计是我们完成这个任务的总抓手，这些个性化作业带来了学生成绩的进步与提升。举例如下。（左到右王雅宁 张文淇 杨心如）

张文淇同学原来不能突破高分瓶颈的原因是英语书面表达的书写不规范，该题型离英语顶级分数还有一定距离，我和英语老师共同商议，让她每天写一张书面表达的书法帖（模仿衡水书法体），取得了不错的效果，期末全市统考时，我们11班张文祺同学以141分取得英语文科年级第一名的成绩。

杨心如同学原来的弱项是材料解析题，该同学在个性化作业方面以错题本为抓手，按照命题立意、失分原因和知识拓展三个环节整理错题本，该同学期末统考以政治94.5分的成绩取得政治学科年级第一的成绩。

这两名同学在学科培优方面取得重大突破的原因在于通过个性化作业的设计，提升了学习效率。

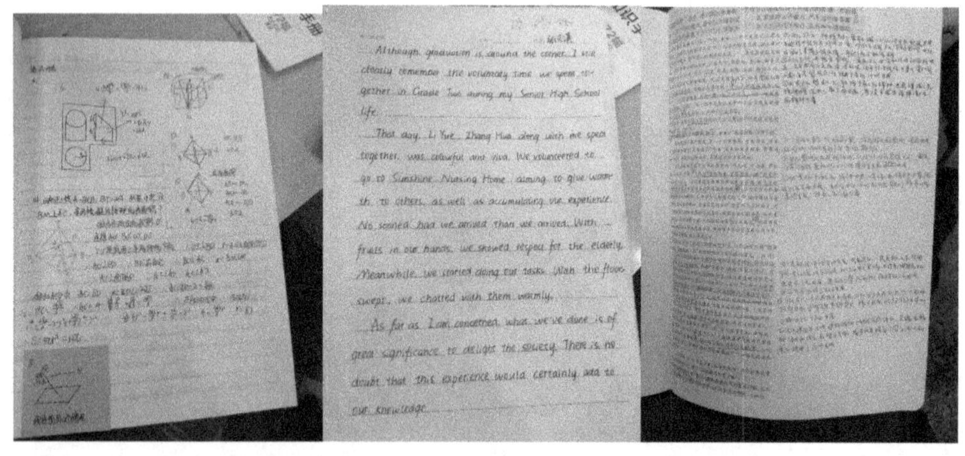

（三）推行学生导师制，成立学科学习帮扶小组

一些学生完不成作业的确是因为任务对其而言难度过大，所以做起来速度慢，反映出这些同学知识整合的方法和做题的方法都有问题，在高二这个学习转变和过渡期，最怕一些学科知识链断裂，学科问题层层积累，最后积重难返。我们必须帮助其清除知识上和方法上的障碍，学科导师制的那些小老师们是一些学科相对优秀同学，通过备课和对知识习题的讲解，可以助推其学科培优工作。

高二上学期，我们就初步建立数学、英语、政史地等科学习帮扶小组，利用周末自习和个别空堂自习，由老师指导下的讲题小组解决同学们的疑难问题，同学们现场质疑，当堂展示，取得了不错的效果。

学生学科导师团和学科帮扶小组

学生导师制和学习帮扶小组的推行，促进了学生个体成绩的提升，数学学生导师团成员徐若涵、王雅宁在数学学科获得突破，月考分别以 144.5 分和 142 分的成绩分列年级第二名和第四名，王议瑶同学在学习帮扶小组和老师的帮助下，数学完成由期末考试的 75.5 分（年级 222 名）到月考 128 分（年级 46 名）的转变，李嘉明同学在高二学期过了大半个学期后才从理科班转到文科班，当时他的政史地成绩

均在三四十分，经过老师对其作业个性化设计和学生导师团帮助，这名同学进步明显，月考政治85分（89名），历史75分（年级67名），地理65（年级87名），成绩进步显著。

我们班级初步完成了班级培优补弱、查漏补缺的学习任务，班级在高二分班后生源比较弱的情况下，经过全体师生的努力，高二上学期期末统考取得重点人数过线年级第二名，综合成绩年级第三名的成绩，下一步我们将总结工作中的经验不足，争取在学科作业的管理效益方面更上一层楼！

62封书信，63颗心的碰撞
——记我与学生的心灵沟通

2016级语文组　王海霞

都说2012年是世界末日，可我却非常的幸福和骄傲，因为这一年，金秋九月，我收获了一批可爱而又懂事的学生。2013年过去了，2014年到来了，回首过去的一年半的时光，我仍是满满的幸福与骄傲。刚刚过去的半年，更是让我异常的感动。

2013年10月18日因为意外，我脚踝骨裂，请假三周在家休息。当时学生们刚刚经过一次月考，我还没来得及开班会总结。做班主任惯了，似乎总也闲不下来，人在家，心却在学生身上。总想他们怎么样了？没有班主任的督促，各项工作做得好吗？又想我请假的这几周，学生将面临非常重要的期中考试，他们会学好、复习好吗？所以便不停地和副班主任电话交流，和班长短信交流。得知他们状态还不错便也放了心。请假的头几天学生们总会抽空发短信问候我，让我安心休养，放心班级，我很感动。虽如此，这期间也有几件事让副班主任费了很多心。为了稳定同学们的情绪，让他们更好的学习，我便决定给每一位学生写一封信。我按照自己在头脑中的记忆，按照他们座位的顺序，依次写来，生怕落下某一个学生，到时就不好了。老公看到我这一举动，崇拜得不得了，叹道："你怎么记忆力这么好？能记得每一个学生的座位？每人一封，大约四五百字，你都可以组成一部中篇小说了！你可真是人民教师，对得起太阳底下最光辉的事业了！"我知道他除了感叹，还有心疼。说实话62封信写下来也要费一些脑细胞，因为每一个学生都有着不同的性格特点，不同的学习情况，甚至不同的家庭背景，必须有针对性的交流。这样才能借着这一机会打动他们，起到一定的作用，也不枉费我的一片苦心。62封信断断续续地写了4天，完成的那一刹那，我觉得无比的轻松和自豪！之后班长来取信，还细心地把它们装入信封，写上名字，封了起来，发给每一位同学。当同学们收到信之后，我却没想到这信发生了太大的效力，也让我收获了太多的感动。下面是选取的几位学生给我回的短信。

雨回道：老师我除了惊讶就只剩下感动了。谢谢您一直相信和鼓励我，我也开始试着相信和改变自己。我会努力改变现状，改变自己的不足，即使过程是痛苦和漫长的，我会对自己有耐心，也相信我可以做到。就像您高一刚开学时对我说的那样，要争取做到各方面都很优秀。我相信爱能让我更加坚强和勇敢。我会如您所说的那样，努力让自己拥有平和的心态，坚定地向着美好的方向前进。是因为您才让我相信一切都会更美好，也使我拥有一直向着美好前进的力量。我也会一直一直爱你！晚安，祝您早日康复，同学们都很想您。

轩回道：老师我是轩，您脚伤好些了吗？时间过得很快，挺想您的。回想一下，我高一挺调皮的，不过您对我比起其他同学多付出的我都记在心里。高二了，我会更加努力不让您失望。您要相信我长大了，期待我的佳音吧。最后祝您好好休养、快乐。

琳回道：爱，这个温暖的怀抱，这个美丽动人的词，她给了我力量，给了我生命。当我忧愁灰心时，老师是您用那深深的爱抚平我内心的苦闷，让我拥有力量，拥有豁达的心胸。一句句安慰的话语，一声声诚恳的开启，让我感动的血液沸腾、心潮澎湃，我哭了。因为是您的爱把我融化了，您的爱是那么温暖，那么有力，使我学习、工作更加努力。流动红旗会永远飘动在我们组的，老师您放心吧！

倩回道：闭上眼睛，万物与我俱静。往事一幕幕回荡在脑海，雨天我们同撑一把伞，相互依偎；夕阳西下，与您同行；语文课上，与您同思；军训场上，与您同苦；严寒冬季，与您并肩奔跑……您的话语让我刻骨铭心：没有最好，只有更好；不能只做到“尽力而为”，要做到“竭尽全力”……在我眼里，您没有老师的威严，却有朋友的贴心。总之，您是我的朋友，我的知己。我认为，您懂我，您总能看穿我的心思，做我心灵创伤的顾问；您总是在我坚持不住的时候激励我，给我信心，让我不再害怕。我努力，我相信，我会成功的。我定会成为您的骄傲！

晨回道：不知最该说什么，这一年来最大的收获就是可以得到像您一样的语文老师。让我从最初对语文的厌恶，对语文的头痛转为喜爱。平时看到一些东西就会刻意去记，刻意去思考，感谢让我有这个机会，有这份幸运。不知多年后您是否会记得如此众多学生之中的我，但您肯定会是我要记一辈子的人。千言万语最终不过一句“感谢您”而已，但这句话包含了所有的情谊。“枝上柳棉吹又少，天涯何处无芳草”,也许用于此不太合适,但正如苏轼与朝云,我对您的感激与感动一样深刻。学生祝您早日康复。

泽回道:敬爱的海霞老师,请允许我这么亲昵的称呼,好想您啊,真心好想您!您想我们吗?谢谢您对我的教导,是您把我从小说沉迷的“漩涡”中解救。真的好想您尽快回来上课,我们近日常常聊到您,来表达对您的思念,老师放心吧,我会努力。

一位学生家长回道:王老师您好!真心感谢您给孩子的那封信。孩子最近一直没去上学,更加懒散,一直玩手机,上网玩游戏,我都拿他没有办法。同学给他捎来您的信后,孩子特别高兴,当晚很早就睡觉了,第二天不用喊就自己起床了。碰到这样的学生作为家长我都很无奈,也很无颜面对您。他让您操心了,也给班级带来了不好的影响,但您却一直原谅,包容,帮助他。我真心的谢谢老师和同学们对他的关怀和理解,同时也向全体老师和同学表示深深的歉意。希望在您的感化下,他能走出阴影,走向成功。我有一个不情之请,如果您有时间,多给他发短信吧,他好像很听您的话,愿意和您交流,麻烦您了。(注:这是一位心理上有特殊情况的孩子的家长)

这仅是我选取的部分学生的短信。我听班长说同学们收到信后都很兴奋和感动,有的还流下了泪水。班长说,您放心吧,同学们状态都很好。我假满回去,期中考试已经结束了,他们取得了很好的成绩。当我回去的时候,很多同学已在教室外迎接了,我走进教室,同学们异常得激动和兴奋,教室里瞬时响起热烈的掌声。虽然仅仅是三个星期,可我感觉他们又长大了一些,更懂事了,这我感到无比的欣慰,让我更爱这份事业,也让我对教育有了更深刻的认识。

陶行知说过:“真教育是师生之间心心相印的活动,唯有从心里发出来的,才能达到心灵深处。”我现在深刻地体会到了这句话的妙处。也懂得了到底怎样才能成为学生的良师益友。从事教育工作决定了我们的工作对象是活生生的人,不是机器。人与机器的不同在于人有思想、有感情,可见真正的教育是心灵的对话。苏霍姆林斯基说过:“如果学生不愿意把自己的欢乐和痛苦告诉老师,不愿意与老师开诚相见,那么谈论任何教育总归都是可笑的,任何教育都是不可能有的。”班主任管理班里几十名学生,解决学生思想问题,其中一项重要的经常性的工作就是与学生沟通。俗话说,“药到病除,言至心开”。沟通是一种双向交流的活动,对于师生之间交流信息、解决矛盾、融洽感情、增强信任有着非常重要的作用。我一直以来喜欢用书信的形式和学生交流,那样既可以节省他们的时间,也避免了他们面对老师时有的心里话可能不好表达的尴尬，对他们来讲这可能是除病最好的药。

我想，教育过程是一个心灵交融的过程，对教育者来说，它是心灵感知的输出过程。从学生来讲，它是敞开心扉接受教育者心灵感知的输入过程。班主任教育学生的实质是师生两颗心愉快地碰撞，在师生双方不断碰撞中，实现感情的交流、融洽、升华，由情知到理知。语言交流是情感交流的表现形式，为实现师生情感融洽，班主任必须以宽厚的师爱赢得学生的信赖，以深沉的师爱激起学生对生活的热爱，以高尚的师爱教学生怎样去爱。只有这样，师生的心才会贴近、融洽，谈心才能有好的效果。

高尔基也说过：“谁爱孩子，孩子就爱他；只有爱孩子的人，他才可以教育好孩子。”我非常欣赏这句名言，我在教育工作中不仅关心学生的学习，而且还关心他们的生活，做他们的知心朋友。人人都需要爱，学生也一样。教师只有无私的爱学生，才能与学生建立友谊，才能与学生顺利地沟通。我坚信“精诚所至，金石为开”。班主任要真心诚意对待学生，关心爱护学生，做到以情感人。唐代诗人白居易说过“动人心者莫先乎情”，唯有炽热的感情，才会使“快者掀髯，愤者扼腕，悲者掩泣，羡者神飞”。唯有真心才能引起学生心灵的震撼，才能与学生在思想上产生交流，心理上有了沟通，心灵上引起共鸣，学生才能敞开心扉，将内心袒露无遗。

总之，每一次的心与心的沟通就是情感的交融，是建立学生教师之间的亲密关系的纽带，是激发学生心灵火花的重要途径。让我们班主任在与学生的沟通中多一分关爱、多一分理解、多一分尊重、多一分真诚。让我们与学生的沟通从外化转到内化，从单纯的说教转化为实践活动，让情感与认识相互作用，取得学生的信任，打开他们的心灵之锁，帮助他们解决问题，我坚信 63 颗心碰撞出的是爱的火花！我坚信爱能融化一切！

第十届班主任大讲堂
——班会课大赛
高一：文明礼仪
高二：责任
高三：信念成就梦想
honor V9
honor V9

喜忧中，你我共成长

德州第一中学
我的班级故事
——班主任大讲堂第二季
德州第一中学
我的班级故事
——班主任大讲堂第一季
二〇一四年七月

第十章　让社会实践基地成为以“礼仪·责任”为主题的德育内化新平台

我校建立了相对固定的学生社会实践基地，使社区教育资源的价值得以体现，又使学生德育内化找到重要的演练场所。

到皇明太阳能科技馆参观；到振华玻璃厂参观；到消防支队参观，学习消防知识；到烈士纪念馆缅怀革命先烈；到梁子黑陶参观德州地域传统工艺；到德州市社会福利院参观实践；到武警二中队参观学习。

社会实践为学生走出课堂、走向社会、深入生活“接地气”搭建了广阔的平台，激发了学生的民族自尊心、自信心，增强了学生的历史责任感。

案例一

每年赴烈士纪念馆：缅怀革命先烈，铸就共同梦想

春暖花开，又是一年清明时。英雄长逝，精神永存。在清明节来临之际，德州一中组织祭奠缅怀英烈，继承民族优良传统，弘扬英雄奉献精神，学习践行忠烈奉献卫国精神。

高一年级团总支带领一中优秀团员祭献鲜花，悼念长眠在这片热土下的革命先烈，聆听英雄们的壮烈事迹，表达对先辈们的无尽哀思和由衷敬仰。

同学们纷纷表示，要继承先烈遗志、不忘传统、开拓进取，将对革命烈士深切的怀念和崇敬之情，转化为努力学习、建设新时代祖国的强大动力，为祖国的繁荣昌盛贡献自己的力量。

2018 年清明节扫墓活动方案

一、活动目的

清明节是中国传统节日，也是最重要的祭祀节日之一，是扫墓祭祖的日子。中华民族传统的清明节大约始于周代，距今已有二千五百多年的历史。经历史的发展演变，清明具有极为丰富的内涵。对学生进行爱国主义和革命传统教育，教育学生不忘革命先烈，珍惜优越的学习生活条件，树立远大的理想，磨炼顽强的意志，练就过硬的本领，成人成才，报效祖国，为社会的发展做出积极的贡献。在活动中对学生进行文明礼仪、团结互助等行为教育，培养学生的集体主义和组织纪律观念。

二、活动时间

2018 年 4 月 5 日上午

三、活动地点

烈士陵园

四、活动准备

1. 花圈一个、每位师生一朵花

2. 校旗、队旗

3. 照相、摄影

4. 安全（负责人：政教处老师及各班班主任）

五、活动安排

1. 出发时间

4 月 5 日 7：30 楼前集合准备出发。

细节教育重点：对学生进行安全教育。

2. 到达时间

8∶00 左右到达烈士陵园。

细节教育重点：烈士墓前要肃立，缅怀先人不喧哗，听从指挥，轻轻献上小白花。

3. 活动流程

第一项：全体肃立，敬礼。

主持人：青山默默，松涛阵阵。今天，我们在这里以革命的名义，追忆那些为国献身的铮铮烈骨；以现代化建设飞速发展的现实来告慰英魂。请全体脱帽肃立，以严肃恭敬的心态，向烈士们敬礼。

第二项：少先队员代表献花圈。

主持人：礼毕。革命先烈们为了新中国的诞生，为了下一代的幸福，浴血奋战，不怕牺牲，用一腔鲜血染成了我们的红旗。下面让我们献上真挚的感谢。请少先队员代表向烈士敬献花圈。

（少先队员代表向烈士敬献花圈）

第三项：默哀。

主持人：下面让我们向长眠在此的烈士们致敬默哀。

（默哀约一分钟）

第四项：烈士陵园介绍（导游）。

主持人：今天是一个特殊的日子，在这明媚的天气里，我们全体师生来到周岗革命烈士陵园，向烈士们表达我们崇高的敬意。我们有请导游作周岗烈士陵园介绍。

第五项：学生代表致辞。

主持人：先烈们是祖国的骄傲，是人民的楷模。他们的事迹感人至深，他们的精神永放光彩。请听我们学生坚定的决心，请学生代表（黄启萌）发言。

（学生代表发言）

第六项：教师代表讲话。

主持人：我们今天的幸福生活是烈士们浴血奋战换来的，我们的茁壮成长离不开父母，和学校老师的关心，下面有请钱晨老师为我们讲话，大家掌声欢迎。

（老师代表讲话）

第七项：宣誓。

主持人：感谢老师对我们殷切的希望，我们一定会高举先辈传过的红旗，好好学习，肩负起建设祖国的重任。下面由我带领大家向革命先烈宣誓！

【全体宣誓】

缅怀先烈,学习英雄;继承遗志,发扬传统;

不怕困难,勤奋学习;坚强生活,自立社会。

第八项:分散活动,瞻仰纪念碑。

主持人:先烈们的革命精神万古长青。烈士的精神永垂不朽。安息吧,革命先烈们!你们的精神将永远激励我们前进。接下来请大家分散小组活动,近前瞻仰烈士墓碑。扫墓仪式到此结束!【拍集体照】

学生代表发言稿

各位老师,各位家长和同学们:

大家上午好!

今天我们怀着无比崇敬的心情,深切缅怀革命先烈们的丰功伟绩和音容笑貌,表达我们的思念之情,告慰他们的在天之灵。我们不会忘记,在各个历史时期,先烈们用宝贵的生命,谱写了中国革命历史的光辉篇章。我们不会忘记,先烈们为祖国的前途和命运抛头颅、洒热血、勇往直前;我们不会忘记,先烈们为人民的利益和美好的未来,鞠躬尽瘁,死而后已。我们永远不会忘记,先烈们为实现社会主义事业和共产主义理想,坚持真理,不屈不挠,生命不息,战斗不止。

敬爱的烈士啊!你们虽然长眠不醒,但我们却将你们终生铭记。如今,我们站在金色的阳光下,手抚滚烫的赤心,充满壮志豪情:就让鲜艳的五星红旗为我们作证,就让这庄严肃穆的烈士纪念碑为我们作证,就让这苍松翠柏为我们作证:你们未能走完的征程将由我们进行到底!

我们一定会记住今天,会记住自己的誓言,成长为建设祖国的有用之才。

谢谢大家!

教师代表讲话稿

同学们:

又是一年的清明节,我们来到烈士陵园,祭奠长眠在这里的先烈们。站在这里,我们心潮起伏,思绪万千。革命先烈们为了民族的解放,为了国家的尊严献出了鲜血和宝贵生命。为了建立新中国前赴后继,为了祖国的繁荣富强而献出青春和热血。

先烈们,在中华民族面临生死存亡的危险时刻,是你们用自己的血肉之躯筑起了钢铁长城;你们倒下了,但是成千上万“不愿做奴隶的人们”站起来了。先烈们,是你们，不怕牺牲，誓死捍卫祖国。面对你们，我们怎么能不肃然起敬？你们的辉煌业绩，将万古流芳！有了你们的无私才有了我们今天的和平环境，才有了我们祖国的繁荣昌盛。有了你们，才有我们今天的幸福生活。我们是时代的幸运儿，应该懂得幸福生活来之不易。更应该懂得所肩负的历史使命。我们要爱祖国，爱自己；要发奋学习，为祖国增光，为它添彩！

同学们，让我们继承先烈的遗志，为家乡的建设，为祖国的繁荣富强而努力学习，共创美好的明天！

案例二

研学活动：励志感恩行

赴宁夏生态保护区参加人文历史主题实践活动，让同学们走进具有独特生态风貌的西部地区宁夏，通过零距离接触沙漠，学习生态保护知识并体验大漠生态环境。同时，依托实践教学，强化同学们对自然生态的认知和体会，从而激发同学们对自然的深刻感触和热爱之情，并在集体活动中锻炼独立自主的能力，以达到提高同学们综合素养的教学目的。

（一）第一天

启程。

同学们从德州出发,前往宁夏研学。

同学们顺利到达银川。

同学们都换上了传统汉服。

同学们来到中华黄河楼。

同学们在认真地学习汉礼。

同学们参加“保卫黄河母亲河——爱护环境从我做起”签名活动。

同学们在黄河楼上集体诵读《中国少年说》。

同学们面向母亲河——黄河行礼。

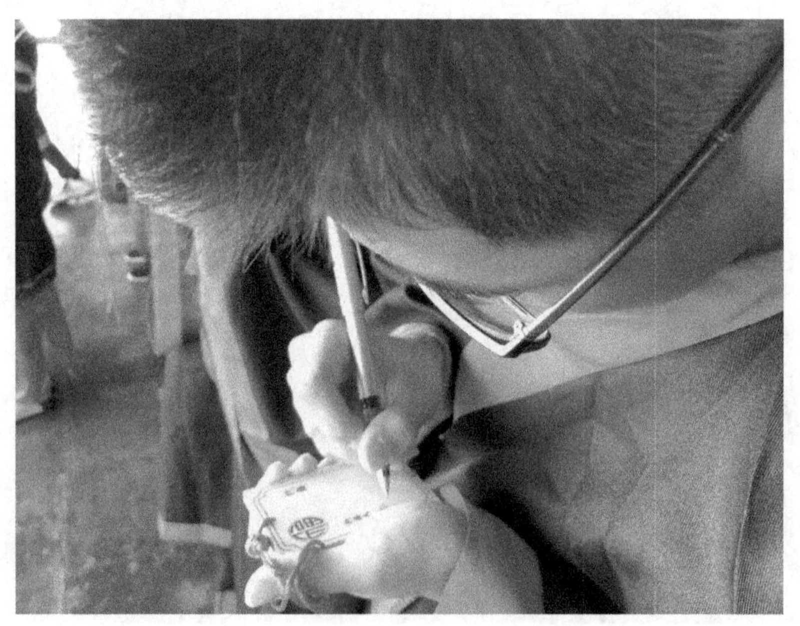

同学们为母亲河——黄河祈福。

（二）第二天

同学们参观科普沙漠博物馆。

同学们认真听讲师张波讲解。

同学们学习和体验轧制麦草方格的过程。

同学们认真聆听永清村村书记介绍永清村发展历程。

同学们来到蔬菜种植基地，进入蔬菜培养大棚，各自采摘蔬菜，来作为做饭的食材。

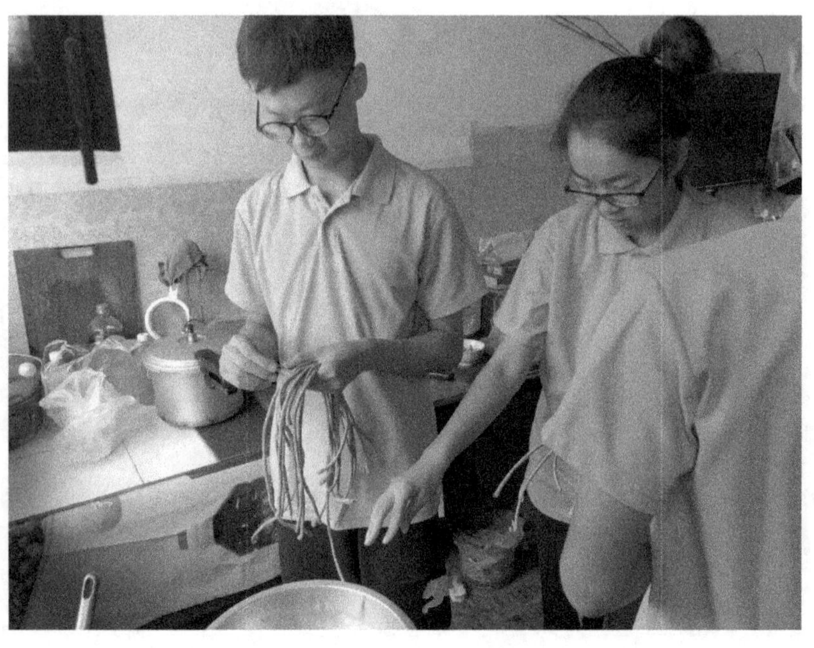

同学们在农户的家里淘米、摘菜、生火做饭，有的协助做饭，开始自己的第一餐。

水洞沟国家地质公园

同学们参观3D下沉式体验博物馆。

同学们进行考古学家地质勘探活动，来模拟考古发掘体验，他们都感到十分新奇。

PU

同学们模拟远古人进行钻木取火。

(三)第三天

同学们来到宁夏地质博物馆，参观了《“塞上江南”——宁夏银川》展览，在娱乐中感受异彩纷呈的地学世界。

同学们认真聆听地质专家宗立一所作的地质科普知识讲座。

同学们来到五七干校历史博物馆，通过观看馆内大量留存的图片、文字、实物等珍贵的资料，重温了老一辈党员干部在困境中坚持服务基层、服务百姓的感人场景。

小心台阶

同学们动手用芦苇叶在沙湖生态区给候鸟搭建鸟巢。

同学们在蛋上面作画，老师给画得好的同学颁发小礼品。

同学们来到沙湖展览馆，了解宁夏的地质地貌。

同学们开始发挥想象,进行沙雕的制作。

同学们来到岩画馆。

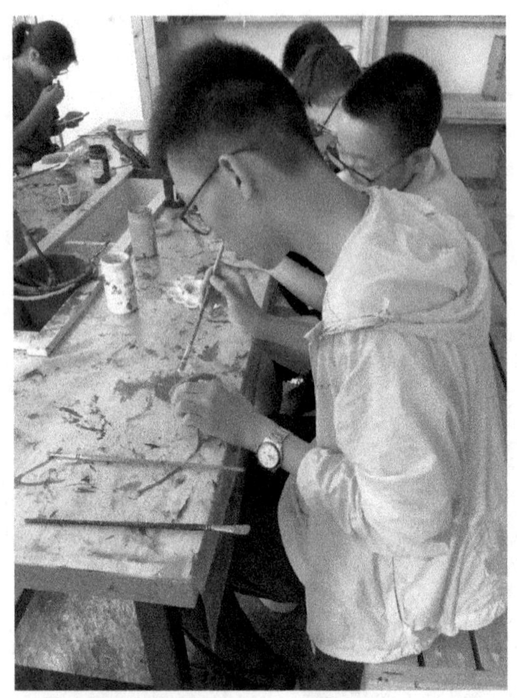

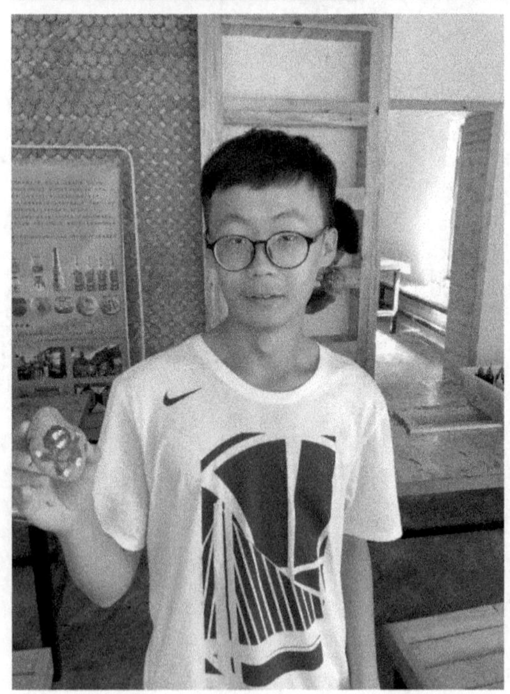

同学们在石头上作画,画出各种卡通人物。

同学们体验扎染，玩得不亦乐乎。

同学们来到枸杞采摘园。

同学们在红玛瑙枸杞采摘园开始进行枸杞采摘，并用来制作八宝茶。

宁夏研学小结

德州市第一中学赴宁夏开展生态保护及人文历史主题实践活动的前两天，同学们来到了黄河楼、白芨滩、永清村和水洞沟国家地质公园，不仅领略到黄河的壮丽，还学习实践了麦草方格的制作，并进行模拟考古发掘和钻木取火。在后两天中，同学们来到了宁夏地质博物馆、五七干校博物馆、沙湖生态区、贺兰山和枸杞采摘园，不仅了解了宁夏的地质、人文，更学会了很多技能，比如说在石头上作画、扎染、制作八宝茶等等。在这一路上，他们是收获满满的。

案例三

赴德州黑陶基地实地探访：传承中华传统非物质文化遗产社会实践总结

2011级2班 张黎

盼星星，盼月亮，终于盼到渴望已久的校外实践。同学们按捺不住激动的心情,像久居樊笼的小鸟回归自然一般,一路欢呼雀跃奔向目的地。

初见黑陶厂,我们都大失所望,因为它实在太不起眼了,一座二层小楼,外加几间平房和一个草木稀疏的花园,就是这座厂子的全部家当。马上,我们就在一位负责人的带领下逐一参观黑陶制造的各道工序。简陋的生产车间(如果这也称得上是车间的话)里,只有寥寥几个工人在埋头工作,我甚至开始怀疑老师带我们来这里的动机了。

带着满腹的疑虑,我们走出了车间,来到了大堂的展厅。灯光亮起的那一刻,我们心中的所有疑问顿时烟消云散——柔和的灯光照耀下,一件件精美绝伦的陶艺品赫然呈现在我们面前。它们有的小巧玲珑,有的大气磅礴,有的光滑细腻,黑亮如漆,有的精雕细刻,纤毫毕现。其中有一件艺术品呈圆筒状,高不过三四十厘米,上面居然雕刻着整部《论语》,一万六千字,密密麻麻,却整整齐齐,仔细一看,居然字字清晰可辨。究竟要有怎样深厚的功底,怎样娴熟的技巧才足以完成如此惊世之作?还有一件同样令我惊叹:深青色的陶筒上,关、张、赵、马、黄五虎上将的形象栩栩如生。有的怒发冲冠、有的威严庄重、有的英俊逼人,透过这一个个鲜活的面容,我仿佛又回到了那个战火纷飞逐鹿中原的年代。这一切不都来自于制作人神奇的双手吗?

接着,在解说员的带领下,我们追溯历史,到遥远的上古时代寻求陶器的起源,以时间为线索,了解陶器制作悠久而传奇的发展史。在这个过程中,我们不止一次地感慨于先人的勤劳和智慧,以及人类文明的光辉灿烂。

这次的实践活动让我印象深刻的不仅是那些华美瑰丽的陶艺品,还有梁丽霞等人艰难曲折的创业历程。想当初,她只是一名普通的下岗女工,要技术没技术,要资金没资金,真正白手起家,可是凭着一股不服输的干劲儿和一丝不苟的精神,她一步一步向成功迈进,终于取得了今天的成就。这种坚定的信念和执着的品质,让我钦佩,让我感动。

通过这次活动,我长了不少见识,也收获了很多有助于自己成长和发展的宝贵的精神品质,这将成为我永远的财富。

参观梁子黑陶有感

2011 级 5 班　贾新宇

中华文明源远流长,黄河文化灿烂辉煌。被誉为“土与火的艺术,力与美的结晶”的黑陶文化,就是中华民族优秀文化长河中一颗璀璨的明珠。

从龙山镇发掘出的“中华远古文明的曙光”——蛋壳陶，是黄河流域的新石器，是晚期农耕文化的巅峰之作，中外史学家称其为“原始文化的瑰宝”，具有“黑如漆、明如镜、薄如纸、声如磬”的特质。其做工细腻考究，形意丰富，魅力超群，参透着浓郁的东方文化气息。

黑陶出现在新石器时代晚期，标志着中国制陶工艺达到了历史的巅峰，也向后人展示了制陶由实用要求转向审美要求的历史进程，不仅仅代表了东夷民族的物质与精神文化的发展变化，而且在它亘古不变的黑色陶体上，记载了齐鲁先民们文化的往昔光阴与悠久的文化传承。正因如此，黑陶的“熏烟渗碳法”也被浓墨重彩的载入了世界工艺美术史。

黑陶文化承载着极高的历史价值，而它蕴含和体现的民族文化核心价值与倡导的社会主义和谐社会的核心价值观是一脉相承的。黑陶艺术向人们传递的不仅是远古先民们生生不息的精神信息，而且也体现着社会主义和谐社会的核心价值观。从某种意义上说，黑陶文化产品真正体现了远古与现代的衔接，历史与未来的传承，文化和经济的融合。

沉思在历史与现实的交汇中，静美在泥土与火焰的拥抱中，呼吸在远古与未来的跳跃中，升华在理智与情感的撞击中，传承着先人的智慧、技能，辅以孜孜以求，神与奇的魅力，土与火的艺术，熔炼出了中国黑陶之冠。

浅谈陶器

2011级12班　梁富旺

每一种事物都会有它产生、发展、鼎盛、衰败的过程，陶器当然也不例外。

陶器在我国发展历史悠久，它伴随着人类农耕定居生活的整个过程。黑陶自生自灭、自有其发展的内在规律。其产生于人类出现盛放粮食、水等物需求的时期，死亡于本身的使用价值被其他材料所代替的时期。后又因人们坚持探寻它的美学价值和观赏价值而复活。

陶器经历了素陶、彩陶至黑陶的发展历程，它是我国古代劳动人民智慧的结晶，它的产生与发展都包含着前辈的辛勤汗水。制陶技术绵延几千年，陶企业存在了几千年，满足了当时人民的生活需求。进入近代，陶器的存在价值好像每况愈下，并“消亡”了一段时间，人们认为金属、玻璃等材料可以完全代替泥土。我们每一个人都生长在这片沃土上，它养育了我们，一定有它自身不可取代的优点，于是经过前辈人的探索，重建并逐渐恢复了陶器制造技术，我一直不太明白为什么一个事物可以创造一种独特的文化例如由青铜技术发展而来的青铜文化。或许它与人长时间联系在一起并产生了巨大影响的缘故吧！

陶器之所以没有灭亡，是因为人们从它身上又找到了使其继续发展的支撑点。陶器有厚重、美观、古朴等优点。例如茶壶，人们都不约而同地选购陶质的，固然人们认识到它沏茶有保持茶香持久的优点。但还有一个原因是陶制茶壶是有内涵的，它能勾起人们对古人的遐想，有着厚重的历史感，或许这就是常人所理解的陶文化。

艾青说过，“我的眼里常含泪水，因为我对这块土地爱得深沉。”所以说人们因为爱陶器而爱泥土。我们的美术鉴赏课上介绍陶器时，曾把陶器描述成“泥土的生命”，我想这不无道理，泥土也是有生命的，它的存在状态是不同于自然界中人与其他动物，甚至于不同于生物学上定义的生物的另一种状态。它们是静态的生命。

我想，陶器是泥土制成的。人们曾迷信的认为人类也是由泥土制成的，如果是真的话，我们又有什么理由不接纳陶器、陶文化？如果用现在人生存的观念去推广陶制品不正是迎合现代人绿色消费的心态吗？

现今，一方面，陶器已经是一种中华文明的载体，需要后人去传承；另一方面，随着人们审美水平的提高，在很大程度上人们已不是追求陶制品的实用价值，而是观赏价值。这样不仅在无意中促进了制陶技术的传承，也陶冶了人们的情操，缅怀古人、追思陶文化的由来及其发展历程。

我在这里说几句题外话，一个旧事物有价值，无非是其历史价值起作用。当它有了历史价值，史学家就会通过它来研究本民族关于此方面的历史历程；它又有很高的收藏价值，便因它珍贵，它是中华民族的文化的载体和见证。收藏它，便代表我们看重自己民族的文化。

通过这次“梁子黑陶”之旅，让我直观地看到黑陶的制作过程，感受黑陶所创造的文明，认识黑陶文化，记下了自己的一缕思考。

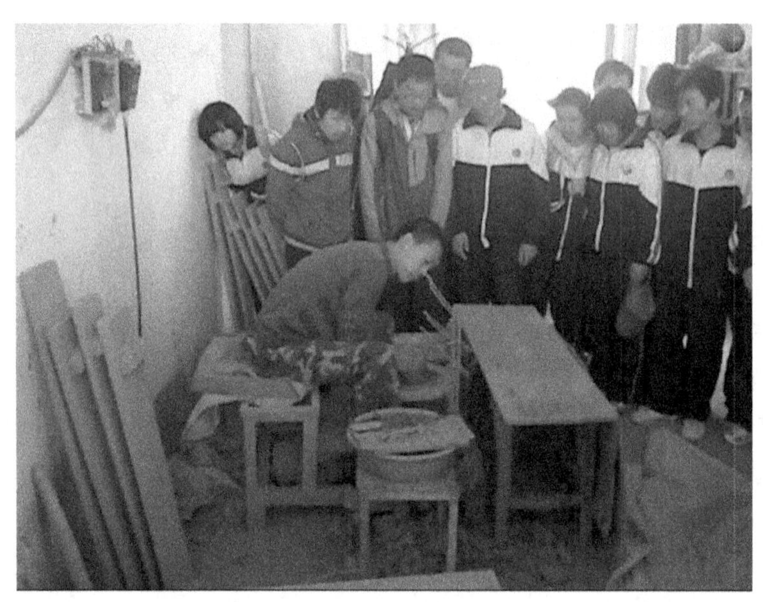

一中暑期学生社会实践活动
——走进材料世界：

德州市博物馆
DEZHOU MUSEUM

德州一中

践行社会主义核心价值观　加强爱国教育　抵制毒品侵害

青少年禁毒知识测试

第十一章　让心语工作室呵护“礼仪·责任”的心灵健康成长

一、不断健全和完善心理健康教育的组织建设

开展中小学心理健康教育必须依靠有效的组织、管理和评价网络，才能保障学校心理健康教育工作积极、稳步和深入地进行。我校心理健康教育的组织经历了一个从无到有、不断完善的过程。从开始的心理辅导站、心理健康中心，到现在的心语工作室，我校心理工作进一步走向常态化、规范化，各项制度进一步完善。

二、专兼职结合的心理健康教育队伍已经初步形成

加强心理健康教育队伍建设,为开展心理健康教育提供保证。组建高水平的师资队伍是保证心理健康教育正常开展的重要条件。我校十分重视心理师资的培训与发展,从 1999 年开始我校多次派人参加心理培训,这些人现在已经成为我校心理健康教育的骨干力量。我校分别于 2005 年、2013 年、2019 年引进 3 名心理学专业毕业生,他们专职负责组织心理健康教育工作。我校还有 11 位兼职的心理老师。在校内我们对班主任及全体老师定期进行心理教育专题培训。现在我校专兼职结合、全员参与的心理健康教育队伍已经初步形成。

三、积极投入,加强硬件建设

2007 年,我校建成了全市第一个较为标准的心理咨询室,包括一个接待办公室,两个个别咨询室和一个团体辅导室,一个宣泄室,一个团体辅导室。面积达 160 余平方米。配备了电脑、沙发、书橱、咨询椅、放松床等。我们的咨询室温馨、舒适,现在已经成为同学们倾诉烦恼,促进学生心理发展的主阵地。2013 年,心语工作室成立,心语办公室内置大方桌、书架、咨询电话等,采购了一批与学生心理健康教育、心理咨询、教师职业心理有关的书籍和杂志,供教师取阅。2017 年,学校不但根据师资情况对工作室成员班子进行了更新,还完善了心语工作室的设备,新添了各种减压设备、测评装置等。我校利用心理测评软件完成了对每届高一新生的心理测评工作,并为每一个学生建立了心理档案。

四、开设心理健康活动课

在中学,心理健康的重点在于预防,开设心理活动课是最有效、影响也最大的预防手段。对于学校的心理辅导工作而言,心理辅导活动课的开设是至关重要的。课程的开设是实现对学生全员辅导的主要途径,也是心理辅导老师得以与学生交流的重要渠道。从一定意义上说,学校各项心理辅导工作的开展,包括个别心理咨询学生的来源、举行大型心理测试和咨询活动时学生的参与程度等,都需要以心理辅导活动课为依托。开设心理健康活动课,一方面可以普及心理健康知识,另一方面让学生通过活动体验,心理获得成长,心理素质得以提高。我们的心理健康活动课活泼生动,是学生最愿意上的课程之一。结合学生的实际情况,我们将心理辅导课程的主要内容确定为三大块:一是学习心理辅导;二是自我意识辅导;三是人际交往辅导。而就某一专题,我们进行系统的单元和主题活动设计,也就是说,就学生需要解决和发展的专题,讲得“深”,讲得“透”,要有系统性,又要适时结合学生的身心特点和实际需求具体化、细化。

五、开展团体心理辅导活动

2013 年 9 月起，心语工作室隔周开展一次团体心理辅导活动，心理老师作为活动指导员带领学生们完成多次活动，给学生一些专业的指导。活动主题丰富多样，例如“21 天习惯训练营”（一期三次）、“如何培养自信心”“探索未知的自己”“考前团体辅导”等，学生可选择参与自己感兴趣的活动。活动中，心理老师充分调动学生们的积极性，现场气氛热烈，讨论积极。学生们认真、投入地参与到活动中，畅所欲言，开放包容。

六、灵活多样的心理健康工作形式

我校为把心理工作落到实处，已经形成了一整套灵活扎实的开展心理工作的有效途径与形式。

①全面普及心理健康知识。我们在校园宣传橱窗开设了心理健康教育专栏，定期开展心理主题宣传。

②利用校园网络开展心理健康工作宣传工作。我们在德州一中校园网开了心理健康栏目，现在点击量已经达到 200 多万人次，成为我校心理健康工作的一个重要窗口。

③途径不同的咨询方式。我校心语工作室开设的心理咨询的形式按照不同的标准可有多种划分。比如，按照咨询的对象可以划分为直接咨询和间接咨询，个别咨询和班级心理辅导；按照咨询的途径可以划分为通信咨询、电话咨询、现场咨询、电子邮件咨询等。下面便对上述咨询形式及其预约方式分别加以说明。

A. 直接咨询。直接咨询是由学校心理咨询人员对具有心理疑难需要帮助、存有心理困扰需要排解的来访学生直接进行的咨询。直接咨询的特点是通过心理咨询人员与来访学生的直接交往和相互作用，使来访学生的疑难问题得到解决，心理困扰得到排解或减轻。条件允许的情况下建议采用此种咨询方式，效果更好。

B. 间接咨询。间接咨询是由学校心理咨询人员对来访的教师、学校行政人员、学生家长所反映的当事学生的心理问题进行的咨询。在间接咨询中，如何正确处理好咨询者与中转人的关系，使咨询者的意见易于为中转人所接受并合理实施，是关系间接咨询效果的一个至关重要的问题。

C. 个别咨询。这是学校心理咨询最常用的形式。所谓个别咨询，指的是咨询者与求询者一对一的咨询活动。这种咨询活动既可以采用面谈的方式，也可以通过电话、信函等其他途径进行。个别咨询具有保密、易于交流、触及问题深刻、便于个案积累和因人制宜等优点，但这种咨询形式也有费时和社会影响较小等不足。

D. 通信咨询。由学校心理咨询人员以通信方式对求询学生、教师、学校行政人员和学生家长所提出的心理问题给予解答、指导的咨询形式称为通信咨询。我们设置了实体信箱（知心信箱），学生或老师可以将自己的困惑以匿名信件的形式投入信箱，心理老师将选择大家有共性的问题尽快在《幽憩》心理报上给出回复（匿名，隐去可辨认出来访者的信息）。学生也可以私下与心理老师通信，可以把信件写明联系方式投入信箱或送至心语工作室。

说明：相对而言，通信咨询往返周期长、咨询双方的非言语交流受到限制，帮助可能浮于表面且不够灵活。如班级姓名不详，来信学生则可能收不到信件。当然，通信咨询的上述缺点和不足，经过咨询双方的共同努力，是可以得到一定程度的弥补的。就求询者来说，首先在书写求询信件时要认真、全面，一定要把自己需要解决的问题的来龙去脉写清楚，同时应提供必要的背景信息。如本人的家庭状况，学校中的班级气氛和人际关系情况，个人的学习成绩、兴趣爱好和社会交往等。这样，才有利于咨询者做出全面的分析和准确的判断，进而提出恰如其分的指导性意见。其次，求询信件写好之后，写信人应回过头来将整个信件内容仔细检查一遍，看看问题是否叙述清楚，有无遗漏或笔误，信件末尾的署名、联系方式是否齐全和工整，这些看起来很小的事情，对于提高通信咨询的效率却有着重要作用。

E. 电话咨询。电话咨询是利用通信的方式对求询者给予忠告、劝慰或对知情人进行危机处置指导的一种咨询形式。这种咨询形式一般用于紧急情况的处理。例如,某个学生由于极度紧张、恐惧或孤独抑郁而产生轻生的想法时,可以利用电话咨询首先稳住危机者的情绪,指导教师、家长等知情人做好危机者的监护工作,然后组织有关咨询人员赶赴现场,对危机者的问题进行妥善处理。

F. 电子邮件咨询。我们将心语工作室辅导员们的联系方式向同学和老师公开,师生可通过电子邮件的形式,向心理咨询人员咨询,心语工作室的成员将本着热情、耐心、尊重的原则答复每一位同学和老师的信件。

G. 利用心理小报对学生进行心理健康教育。2007 年我们创办了校园心理健康教育报《幽憩》,每月一期,图文并茂,学生都很喜欢看,被称为"校园心理及时雨"。《幽憩》已经成为我校心理工作的重要载体之一,是我校学生不可缺少的心理营养大餐。现校报已全面改版,更名为《明德》。

幽憩

明 德

H. 心理专题报告会。每年在新生入学一个月左右我们都邀请教育专家或经验丰富的班主任举行入学适应心理专题报告会，对新生容易出现的种种心理不适问题给予及时的疏导；每年五月份，针对高三学生高考前情绪容易出现波动的情况，聘请专家进行高三考前心理辅导，已经成为学校惯例。

I. 我们编写的高考心理指导手册《决胜高考 从“心”开始》已经成为每届高三学生考前的心理导航标。

J. 结合研究性学习，让学生通过小课题研究的方式进行心理健康自我教育。心理辅导的实质是“助人—自助”的过程，强调学生的自我体验、主动探索，终极目标是促进学生自主发展、自我完善。为此，结合我校承接的国家基础教育中心十一五重点课题《中国学校心理健康教育行动研究》这一课题，我们将研究性学习与心理健康教育相结合。学生采用研究性学习范式之一——行动研究法进行心理健康自我教育。学生们根据自身学习生活的实际经验选定课题，通过多种渠道学习获得相应的心理体验。

七、心理课题引领，深入开展心理健康教育

我校领导高瞻远瞩，十分重视心理课题研究对学校心理健康教育的引领作用。2007 年我校承接了为期三年的国家基础教育实验中心重点课题《中国学校心理健康教育行动研究》，并被指定为课题实验基地学校。我们组织了教师课题团队，选定实验班级，定期或不定期采取多种形式进行课题研究，取得了一系列积极成果。近几年我校有多人被评为“山东省心理健康教育先进个人”，2019 年我校被评为山东省心理健康教育示范单位。

八、我校的班级心理联络员（心理委员）制度

在实践中我们认识到心理健康教育工作要深入、扎实、有效的开展，学生层面的工作是不可或缺的重要一环，开展朋辈咨询十分必要。为此我们在各班选择了部分对心理学感兴趣并擅长沟通、责任心强的同学，担任各班心理联络员。心理联络员负责在班级内宣传心理健康知识、及时发现同学中出现的问题，帮助老师做好班级心理辅导工作。

在青少年发展时期，同龄人更容易成为效仿的对象、学习的榜样，他们年龄相仿，在价值观、心理特征等方面具有相似性，更容易互相理解和沟通。朋辈辅导员作为心理健康三级网络的基层防线，对学校心理健康工作起着越来越重要的作用。

我们的理念是倡导“朋辈互助，助人自助”，推行朋辈之间心理互助，充分调动学生在心理健康教育中“自我教育、自我管理、自我服务”的主体性。

心理咨询室值班表

上午 8：00~10：55 下午 2：10~4：45 晚上 6：00~6：40	张兰菊★ 夏春颖	郝亮★ 李茂臻 肖坤	赵文智★ 秦峰 张甲卫	苏海龙★ 赵俊杰 宋涛	郝金超★ 刘焕芹 纪洪彬

说明：1. 请老师们 5 月 1 日后在周一至周五按时值班，钥匙在夏春颖老师处，到位后自觉签到。值班期间请做好心语记录。如果临时有事请给张兰菊老师请假，并保持电话畅通。

2. 如果值班时间不合适，自己协调好后联系郝亮。重新制表。

3. 星标老师只能找星标老师换班，监督当天的签到记录和谈话记录。**全体教师务必保护学生信息，不得泄**

露。

4. 咨询同学请给班主任请假,并和咨询老师预约。

5. 请预约的同学按约定时间到咨询室咨询,取消咨询请尽量提前告知心理老师。如果学生咨询时迟到,为不影响下一时段的咨询,时间不顺延。为保证充分利用时间,迟到 10 分钟视为放弃咨询,此时段可以提供给其他有需要的同学。

6. 值班暂未安排晚自习和周末时间,请同学们尽量选在周一至周五白天咨询。

7. 如有特殊情况,联系电话:2672731

心理咨询记录表

姓名		班级		时间		咨询员	
来访者自述:							
待解决的问题:							

九、新冠疫情期间的心理健康教育案例

德州一中心语工作室:打好心理战“疫”,关注学生成长

2020-06-29 21 : 27　闪电新闻

目前,德州各中小学校都已开学复课,因长时间居家在线学习,很多学生和家长出现了亲子冲突、情绪焦虑、电子游戏成瘾等问题,有些甚至出现了较为严重的

心理健康问题。5 月 25 日，德州市教育和体育局下发通知，决定在中小学集中组织开展一次教师家访活动和心理健康摸排疏导活动。

德州一中心语工作室马上组织工作室成员老师召开会议，认真学习研究，要求各中小学校要根据本校实际情况制定科学的家访工作方案，细化措施，责任到人，确保工作实效，以实地家访为主，网络、电话家访为辅，做到普访、随访、定访相结合，坚持“政策宣传、思想引导、学业辅导、心理疏导、生活指导、成长向导”的家访导向，确保本次家访活动覆盖所有学生和家庭。

心语工作室老师们展开了热烈的讨论，集思广益制定了具体的工作方案。因为高中生辐射面广，学习任务重，再加上疫情期间需要尽量避免与校外人员面对面接触，老师们决定通过线上家访和线下调查问卷相结合的方式对学生的心理健康问题进行摸排疏导。设定好工作方案后，老师们立即开展工作，将工作落实到学校各年级、各班级。线上家访活动我们重点关注有疫情病例影响的家庭学生、特殊家庭学生，如建档立卡困难家庭学生、留守儿童、残疾学生、接受线上教育有学习困难学生、疫情防控一线医务人员子女、复工复产后双职工家庭无人照护的学生、隔代老人代为管护的学生、二孩家庭学生、疫情前日常教育中重点关注的学生，还有在知识能力、品格方法、体质等方面存在发展难题的学习困难学生等。老师们及时了解、沟通和反馈学生思想状况和行为表现。

在 6 月 5 日由各班班主任下发此次活动的通知，要求每位学生家长在线上完成“家访调查问卷”。截止到 6 月 6 日，仅仅两天时间就回收了 3259 份调查问卷。可以说是及时高效地完成了线上家访活动。问卷设计如下。

德州一中线上家访调查问卷

*1. 基本信息

所在班级填写格式例：高一（1）班

家长姓名

学生姓名

所在班级

*2. 联系方式

*3. 开学复课后，从家长的角度观察，孩子的学习与生活状态如何？

状态良好，无明显异常表现

通过此次线上家访活动，促进了家校沟通，做到了“学校领导与教师之间、教师与学生之间、教师与家长之间”及时沟通交流，实现了关爱学生工作的全方位覆盖。活动引导家长不仅要关注孩子的学习，更要关注孩子的心理发展和变化，家校配合科学做好孩子的教育工作。通过家访，营造了良好的家校合作育人氛围。

〈 返回　统计结果

第8题:
开学复课前后，孩子的状态有无明显变化？ [单选题]

选项	小计	比例
变得更加积极，解决了之前的问题	1890	57.99%
变得更加消极，出现了以前没有的问题	58	1.78%
没有明显变化	1286	39.46%
不清楚	25	0.77%
本题有效填写人次	**3259**	

饼状　圆环　柱状　条形

第9题:
孩子在经过长期线上网课学习后，是否对电子产品产生了依赖性？ [单选题]

选项	小计	比例
很依赖	78	2.39%
较为依赖	638	19.58%
无明显依赖或及时中止	2511	77.05%
不清楚	32	0.98%
本题有效填写人次	**3259**	

饼状　圆环　柱状　条形

在线上家访的同时，对复课后学生的学习与生活状态，老师们集思广益设计了学生心理调查问卷。6 月 4 日老师们将《复课后学生心理状态调查问卷》纸质版发放到学生手中，学生利用班会课的时间填写，然后按班级收回并进行整理。收回调查问卷后，学校立即组织心语工作室的老师们对调查问卷进行审阅。通过这次《复课后学生心理状态调查问卷》活动，对学生在复课后存在的心理问题做了摸底调查，做到心中有数，为集中开展学生心理健康疏导做准备。

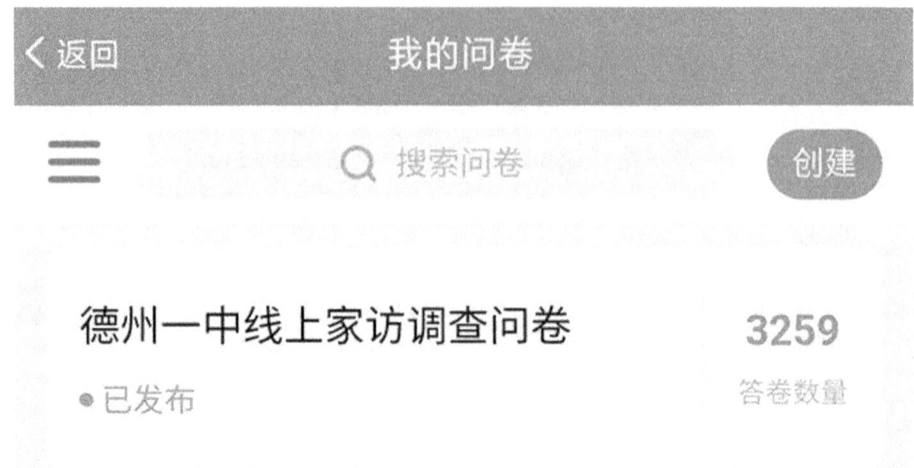

来源渠道	数量	百分比	统计	详情
微信	3079	94.48%		
链接	115	3.53%		
手机提交	65	1.99%		

有效答卷数：3259

按照教体局下发的文件要求，为尽快使学生适应开学复课后的防疫常态化学校生活，通过线上家访和线下调查问卷等一系列工作，心语工作室的老师们梳理出16个学生和家长最关心且最具代表性的问题，集中体现在学生长期居家学习产生的厌学、网瘾、亲子矛盾、青春期波动等心理问题。我们召开班主任会议，利用班会课《逆行者的故事》，在德州一中三个年级集中组织开展了一次心理健康疏导活动，七千多学生受益。整理出的问题由心理教育专家张兰菊老师通过“青少年心理教育”直播访谈的形式作出了具体详细的解答，并取得了在线观看点击量16.2万余人的良好成效。在活动现场，张兰菊老师围绕广大学生家长提出的问题进行详细解答，为家长提供解决问题的新思路、新角度，帮助全市100多万名学生健康成长，引导学生和家长适应疫情防控常态化下的教学生活。

德州市第一中学
2020年复课后
学生心理状态
调查问卷
【高一年级】

德州市第一中学
2020年复课后
学生心理状态
调查问卷
【高二年级】

复学后,学校心理辅导教师和班主任根据实际情况安排有针对性的心理辅导活动,将疫情引起的学生心理困惑或问题作为开学初专题心理辅导活动课的重要内容,加强复学适应性辅导、生命辅导和人生意义辅导,提高学生的心理调适能力。我们还开通了心理热线,及时接受学生、家长的心理咨询,针对特殊学生,主动介入,开展个案辅导。

关爱青少年心理健康,为他们的健康成长保驾护航是我们共同的责任,我们将不遗余力地做好学生的心理教育工作,为学生的健康成长贡献一分力量!

第十二章　学校家庭社会　共同托起明天的太阳

学校的发展离不开家长们的关注，学校的教育和班级的教学离不开家长们的关心与支持，家长委员会是沟通家长和学校、家长与班级的纽带。家长委员会作为学校教育向家庭教育的延伸，不仅可以帮助家长有效行使其对学校教育教学工作的知情权、评议权、参与权和监督权，而且有利于取得“家校携手、联合育人”的良好局面，完善学校、家庭、社会三位一体的教育体系，使办“好让人民满意的教育”这一宗旨得以更加顺利地践行。

我校自家长委员会成立以来，在各级领导、老师和家长的共同努力下，各项工作均取得显著成效。

一、抓住事情的关键，把工作做实、做细

（一）在“选”字上做文章，真正选出学校、老师的助手，选出家长的代言人

家长委员会代表的选拔务必做到：代表要有博爱情怀，关心自己的孩子，也关心其他的孩子；代表要热忱，有责任心，顾全大局，敢说真话；代表选拔务必标准科学，杜绝用学生成绩衡量家长水平的“择优”误区；委员会务必有不同层次的家长代表参与，既要有城区代表也要有农郊代表，既要有普通生代表也要有艺体等特长生代表等等。多年来，家长委员会对学校的建设所起的作用超出了学校的预期，一个高水平的家长委员会是学校发展的智囊团，他们中的好多代表对一中的关心不亚于学校老师，对教育的理解不逊色学校的教育工作者。

（二）在“实”字上下功夫，真正发挥家长委员会的监督、参与职能

一切不实皆成空，任何事情如果仅在头脑中想、口头上说、纸面上有，而没有实实在在的行动，那只能是一个愿景。事情成败的关键在于是否有实实在在的行动。

①行动需要速度，家长委员会意见反馈突出一个“快”字。

我校历来高度重视来自家长代表的声音。毋庸置疑，与学校利害攸关的学生家长最希望自己的孩子在一个和谐健康、积极向上的环境中学习，最关心孩子的成

长，最在意学校的发展，所以，我说家长的声音是最有善意、最真实、也最真切的声音。这些声音和意见是我校办学档次不断提升的宝贵财富，我们没有理由不重视，不珍惜。我们学校有三个年级，178 名学生家长代表，21 个家长委员会，9 名常务委员。“当局者迷，旁观者清”，我们的分管校长每个月都要通过不同的方式和家长委员会的代表进行交流沟通，及时了解委员代表收集的第一手材料，及时反馈给相关部门或老师，及时督查这些意见和建议的落实情况。正是因为建立了这种高效快速的反应机制，我们赢得了家长的信任和支持。

②行动需要方法，家长委员会意见的采纳借鉴“提案”制度。

为了激励委员会监督、参与的积极性，我校实施了委员“提案”制度，每学期定期召开一次委员会议，对这些提案进行讨论，做到“有提必复”“有问必答”“有益必采”。迄今为止，在三年多的时间里我们共收集各方面的有价值的提案近四百条，涉及课堂教学、学生管理、走班制、学生社会实践活动、周末自主学习、餐厅饭菜质量、男女生交往等十多个方面，委员会代表表现出了“与一中同呼吸，同发展”的高涨热情。在此，举一个例子：2014 年，家长委员会上交了一份“规范教辅材料征订”的提案，对我校某年级教辅材料征订过多，使用效率不高的问题提出意见，学校领导高度重视，立即召开了校委会和年级管委会会议，仅用了一周的时间就制定出了相关制度，杜绝了教辅征订疏于管理的现象。

多年来，家长委员会可以对学校和班级的工作进行监督和建议，事无巨细，表现了高度的责任感。对此我校本着“有则改之，无则加勉”的原则，对科学合理的建议采纳落实，对偏颇的意见耐心的解释，使家长代表充分行使了应有的权利。

③行动需要效率，落实家长委员会的权力，突出一个“实”字。

我校明文规定，将家长委员会的评议直接纳入《教师考评方案》：“有家长投诉，扣 5 分”“家长委员会评议分数占该老师得分的百分之十”“优秀教师、优秀班主任的评选必须通过家长委员会的认可”等。家长的评定直接和老师的评优选好和奖惩等级挂钩。我校还严格规定，如果家长对某位老师的教学或管理有强烈的意见，或者反映教师出现了严重的教学事故，那么家长委员会调查核实后，可以提请学校予以调离或调整。从这些方面，我想在座的各位不难看出，家长委员会在我校有名，更有实。

（三）在“活”字上下功夫，使家长委员会活动形式百花齐放

①充分利用现代化的信息手段，拓展家校交流平台。

据我所知，我校有很多班级设立微信家长群、QQ 家长群，由班主任老师和班级

家委会成员共同管理,要求班级家长全员参与。各级部和学校家委会也分别设立自己的微信群、QQ群,利用家校通等教育平台,将学校、级部、班级、各家委会成员的电话、邮箱、微信、QQ公开告知,让每个家长都能够找到自己的"组织"——家长委员会。在这个信息平台上,家长一方面可以依靠家长委员会,对孩子的思想问题、习惯问题,帮着出谋划策,甚至帮忙做思想工作。另一方面,家长之间有教育的好方法、好举措,有对孩子身心健康发展有益的新点子、新举措,可以通过这些平台进行交流和落实。

②开办家长学校,共享教子心得。

我校家长委员会大力挖掘身边的典型,邀请教子经验丰富的家长代表、具有成功家教案例的教师代表和能够反映孩子们心声的学生代表,一起做客"家长学校",从如何和青春期的孩子沟通,如何培养孩子良好的读书、学习、生活的习惯,如何端正孩子的学习态度,对学习热情"保鲜",到如何解决孩子的上网问题、早恋问题,如何引导孩子正确交友等任何一个方面谈谈自己的经验或看法。切实解决了很多家长在孩子教育上遇到的困惑,使家长成为孩子的良师益友。

二、拓宽交流渠道

①我校在一中网站和校刊《一中时空》上开辟《家长论坛》,定期刊登家长委员会撰写或摘录的教育文章,介绍他们的成功经验和独特见解。在学生和老师中都引起很大反响。

②举行"家长开放日",让家长走进学校,走近老师,走到孩子中间。我们利用家长委员会创建的平台,成功举办了多次家长开放日活动,家长代表们通过听"推门课"、和老师交流、自己实地考察等活动,全面而真实的了解了自己的孩子在学校

的表现，了解了与孩子朝夕相处的老师，了解了孩子生活学习的环境，了解了学校教育教学管理的措施、效果。有了这些客观真实的了解和理智科学的思考，家长对下一步如何配合老师完成自己家庭教育的使命有了更清楚的思路。从更长远的意义来看，家长开放日，充分发挥了学校教育的辐射作用，获得了社会各个方面对实现学校管理目标的大力支持，为我校的发展开拓了一条光明大道。

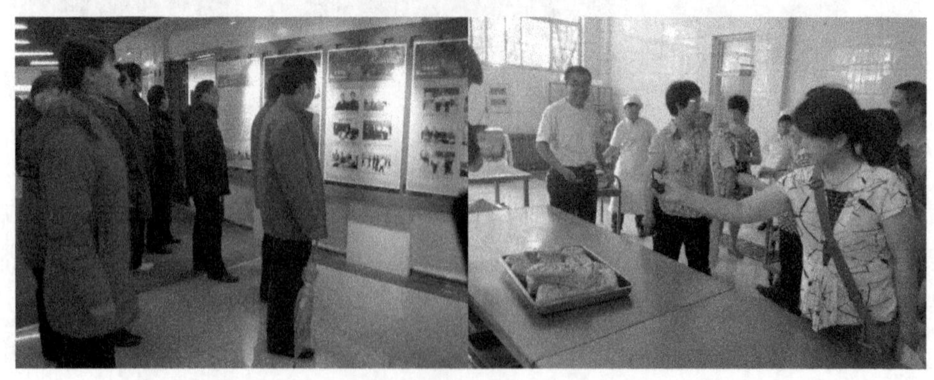

③为了构建和谐的家校关系，促进孩子健康成长，解决困难家庭的后顾之忧，

学校组织教师对贫困家庭学生进行走访慰问。每年学校自筹资金,给学生送去慰问金、衣物和大米花生油等生活用品。

走访过程中,学校领导与学生家长进行亲切的交谈,宣传国家及学校资助政策,详细了解学生家庭基本经济状况、生活情况以及学生在家表现,同时鼓励受助学生要克服困难,勤奋学习,感恩父母,回报社会。

三、走进社区

每当寒暑假或节假日,学生会都会组织学生到社区参与社区的公益活动。这些活动,提高了学生的劳动能力,增长了学生的知识,培养了学生的公民意识、社会责任感和主人翁精神。

德州一中 · 我校志愿者服务队到金谷园举行环保宣传活动

德州市第一中学

2020年6月5日是"世界环境日"。当天下午5点，德州一中组织学校明德志愿服务队师生17人前往德城区金谷园社区开展"创文明城市，建美丽中国，我是行动者"环保宣传实践活动。

本次环保宣传实践活动主要包括两个内容：一是发放"世界环境日"环保宣传材料，进行环保知识普及，提高居民的环保意识，人人都能参与到环保行动中来；二是进行义务劳动，清洁社区公共区域卫生，用身体力行的方式倡导环保的生活方式。

德州一中始终坚持教书育人的社会责任，努力为社会培养全面发展的人才，鼓励学生为社会做出力所能及的贡献。创文明城市期间，学校以橱窗、电子屏、宣传标语等突出文明创建的中心内容，要求全校师生从我做起，从现在做起，主动承担责任，搞好环境整治，营造好创建氛围，抓好校园文化建设，建设和谐文明校园。要求全体师生说文明话，做文明事，做文明人，积极投入到文明创建工作中去，用自己的行动传播文明的种子，带动身边的人一起投入到"创城"活动中，把校园建设得更加美丽，把我们的城市建设得更加文明。

学校是文明传播的地方，德州一中全体师生愿做最美丽的文明使者，让优秀内化于心，让文明外化于行。

实践证明，三位一体协同育人，不仅对学校工作的顺利开展、教学质量的提高起到了积极的作用，而且还拓展了学校科学决策、依法治校的思路。学校、家庭、社会共同谱写了一曲育人华章！

第十三章　育人成果掠影

案例一

德州一名学生撞坏轿车后，却被车主表扬？一张字条让人动容……

（摘自 2019-10-16 德州晚报 俞荣）

汽车停在路边被人剐蹭
有些肇事者会一走了之
给车主留下的只有抱怨和无奈

然而近日
德州一位车主的爱车被剐蹭后
非但不生气，反而十分感动
“肇事者”德州一中 2019 级 15 班的学生
赵文睿
在车主不在场的情况下主动承认错误
留下了一张
带有自己家长联系方式的字条
表达歉意并愿意赔偿

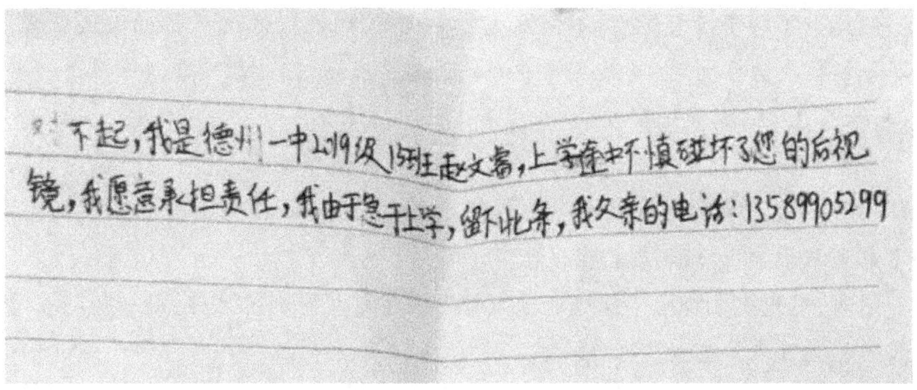

对不起，我是德州一中2019级15班赵文睿，上学途中不慎碰坏了您的后视镜，我愿意承担责任，我由于急于上学，留下此条，我父亲的电话：13589905299

15日下午，赵文睿的父亲接到一位车主打来的电话，称赵文睿上学途中不慎碰坏了他汽车的后视镜，并留下一张附有父亲联系方式的纸条，车主一方面说明了后视镜损坏情况及维修费用，一方面也对孩子处理问题的方式表示了肯定。

当天晚上10点多，赵文睿放学回家，父亲和他核实了此事。“确实是我撞了人家的车，前一天上学路过文化路东首的时候有些堵车，我想骑车子从旁边绕过去，不小心碰了停在路边的汽车，当时着急去上学，又看车里没人，所以只能留张纸条道歉。”赵文睿和父亲解释，自己当天放学忘记汇报这件事了，也为因此给父亲带来了“麻烦”表示不好意思。

赵先生了解事情经过后，不仅没有责备儿子，还鼓励他说：“你的做法很好，做错了事情就要勇于面对，虽然这件事给我带来了麻烦，但也让我看到你勇于担当的一面，今后也要注意交通安全”。

当晚十一点，赵先生通过微信，再次向车主表达了歉意，并将维修费用转账方式给对方。父子俩的做法让车主感动不已，一再表示希望当面表扬一下赵文睿。但考虑到孩子学业紧张，赵先生婉拒了。

同时，赵先生也将此事经过通过微信发给了赵文睿的班主任，对老师们在潜移默化中的教育给予感谢。

小剐小蹭常见
但主动担当的行为却不多见
让我们一起为赵文睿点赞
并向这名小伙子的责任精神学习！

案例二

案例三

德州一中:相遇高考,感恩伴行

(摘自 2020-07-11 12:30 德州日报)

心有所信,方能行远。又是一年毕业季,又是一年启程时,一批怀揣梦想的一中学子即将远行四方。经历过疫情下的高三与高考,庚子年注定了它的与众不同,但一中学子带给我们的是一如既往的浸透着一中文化底蕴的感动毕业季。

镜头一:当毕业合影与考试途中的学弟学妹偶遇。一句衷心的前程祝福,展现了一中文化的传承。

镜头二:当考场内的决胜千里与红衣志愿者相遇。与走向高考考场的考生形成鲜明对比的是身穿红色志愿服的志愿者,他们活跃在考点周围,或是维持秩序,或是引导路线,或是递上一瓶矿泉水。志愿服务有我,助力高考有我。

镜头三：当毕业离开与感恩母校的深深一躬相遇。7 月 9 日下午，部分考完全部科目的考生在一中门口列队集合，再一次集体喊出一中校训“敬和忠仁，礼仪责任，勤奋好学，积极向上”，随后向母校鞠躬致谢的一幕更是引爆人们的泪点。

镜头四：当毕业离校与最后一次宿舍的维护相遇。有的同学提前考完了，离开宿舍的时候没有带走行李，只是怕打扰还需要继续考试的同学休息！离开前，更是把曾经住了三年的宿舍打扫的一尘不染，不是为了卫生内务评比，只是想为母校为学弟学妹留下对母校的眷恋。

镜头五：当走出一中与“我爱您德州一中”相遇。7月10日，高考最后一科考试结束。德州一中学子身穿自制文化衫表白母校！

中
一
州
德
您
爱
我

中
州
德
您
爱
我

感恩、责任，一直都是德州一中德育教育的重要内容之一，也是一中学子的信念所在。高考已落下帷幕，但曲终人未散，德州一中的文化凝聚下的一中人将继续前行。

德州日报新媒体出品

通讯员 | 苏海龙

编辑 | 苗欣

案例四

学校教育只是一方面，家庭教育也有举足轻重的作用！是方方面面造就一个高素质的孩子！//@用户6227498956485：知道您是一中老师，非常感谢你们培养出好学生，今天早上，在解放路五中路口，一个垃圾桶撒了一些垃圾，两个一中的孩子马上下车，帮忙捡垃圾，真的非常感谢您们培养出这么好的学生，向你们致敬👍👍👍

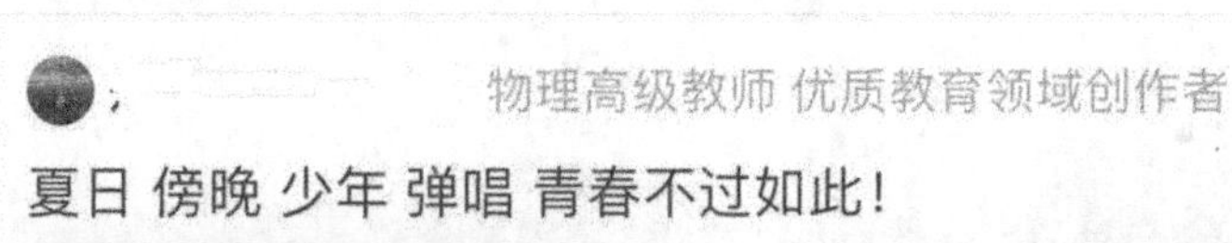

案例五

德州一中毕业学子返校参加大扫除
感恩母校暖心告别

德州晚报 2020-07-21 17：53：59

编辑：王风林

骄阳七月，草木倦怠，但毕业生感恩母校的心，永不止息；洒扫校园，拾取落叶，明净的母校在毕业生的心中，永远鲜活。

7 月 20 日，德州一中部分毕业生返回母校，为母校作高中时代的最后一次大扫除。带上绶带，拿好工具，毕业生们开始打扫高三年级卫生区。一步一步，从篮球场到办公楼，他们用脚步丈量三年的温情；簸箕笤帚，从文化广场到东西甬道，用行动诠释对母校不尽的感恩。扫过熟悉的方砖，欢笑奔跑的回忆在脑海中逐渐鲜活；拾起片片落叶，母校的春夏秋冬在记忆中流转。

看着生机勃勃的篮球场，看着无比熟悉的办公楼，毕业生们心中五味杂陈——高三“兵荒马乱”生活结束的轻松，学弟学妹准备好应对高三的欣慰，往日同学重聚协力打扫的快乐……但细数其中,最为汹涌的便是那感恩。他们纷纷表示感恩母校,给他们良好的学习环境,充分的学习资源,以及无尽的美好回忆……

后　记

在学校的教育史上，礼仪和责任教育就像一颗颗散落在金色沙滩上的珍珠，指引着学校的德育。要努力构建德智体美劳全面培养的教育体系，形成更高水平的人才培养体系，成为新时代立德树人的具体要求。本书是本人和德州一中全体师生在教育实践中不断探索的阶段性成果，它只不过是试图用“礼仪责任教育”这一条红丝线把一些散落的珍珠串起来，以引起教育界人士对礼仪责任品质培养的关注。

在本书的编写过程中，借鉴和引用了我校一些领导和老师的管理案例，在此向领导和老师们表示衷心的感谢！

虽然本书已经完成，但由于时间仓促，加之本人力有不逮，很多最初的美好设想最终没能够实现。本书的谬误之处恳请读者批评指正，以期使我在今后的教育之路上少走弯路。

张超

2020 年 7 月